豊かな老後のために、
30代から準備すべき
6つのこと

金持ち老後、貧乏老後

田口智隆

水王舎

他人のために
暮らすのはもうたくさんだ。
せめて、このわずかな余生を、
みずからのために
生きようではないか。

モンテーニュ「随想録」

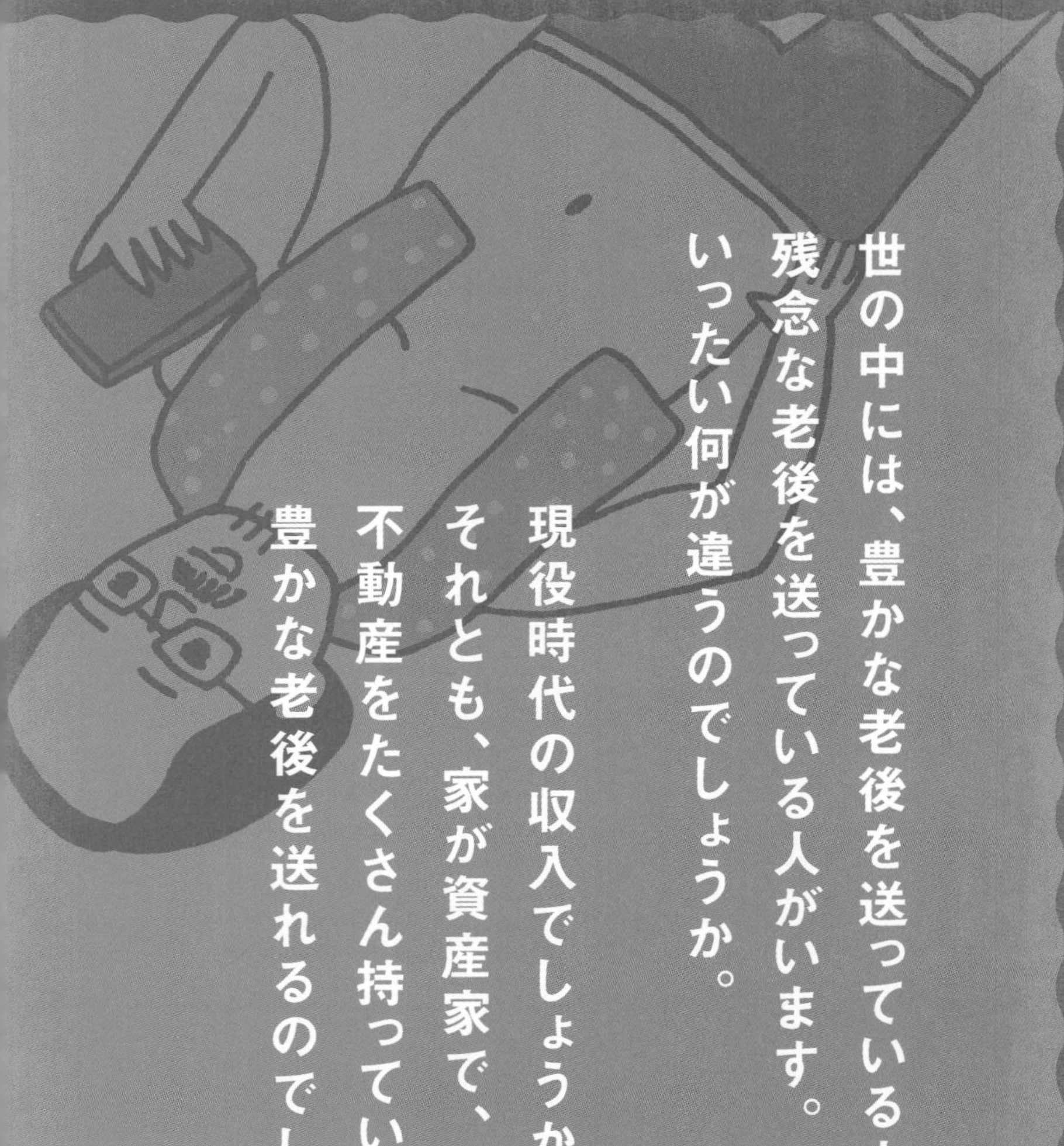

世の中には、豊かな老後を送っている人と、
残念な老後を送っている人がいます。
いったい何が違うのでしょうか。

現役時代の収入でしょうか？
それとも、家が資産家で、
不動産をたくさん持っている人だけが、
豊かな老後を送れるのでしょうか？

老後を幸せに送れるか否かは、
現役時代の収入は関係ありません。
家が資産家かどうかも関係ありません。

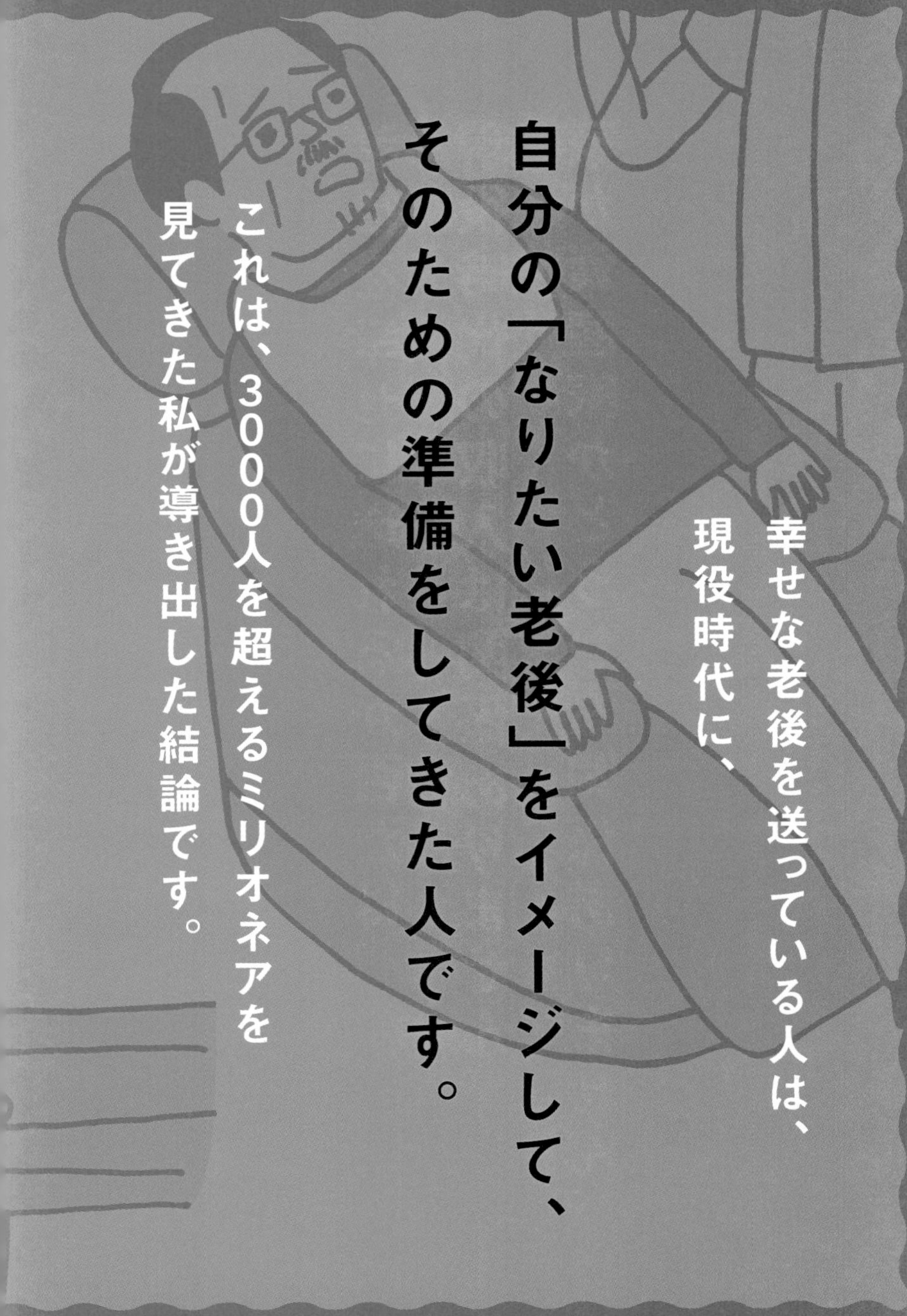

幸せな老後を送っている人は、
現役時代に、
自分の「なりたい老後」をイメージして、
そのための準備をしてきた人です。

これは、3000人を超えるミリオネアを
見てきた私が導き出した結論です。

ものごとにはすべてプロセスがあります。

原因があって、結果があります。
積み重ねがあって、蓄えができるのです。
それは、お金も、人間関係も、
健康も、住まいも、
働き方も、生きがいも、

すべてにわたって言えることなのです。

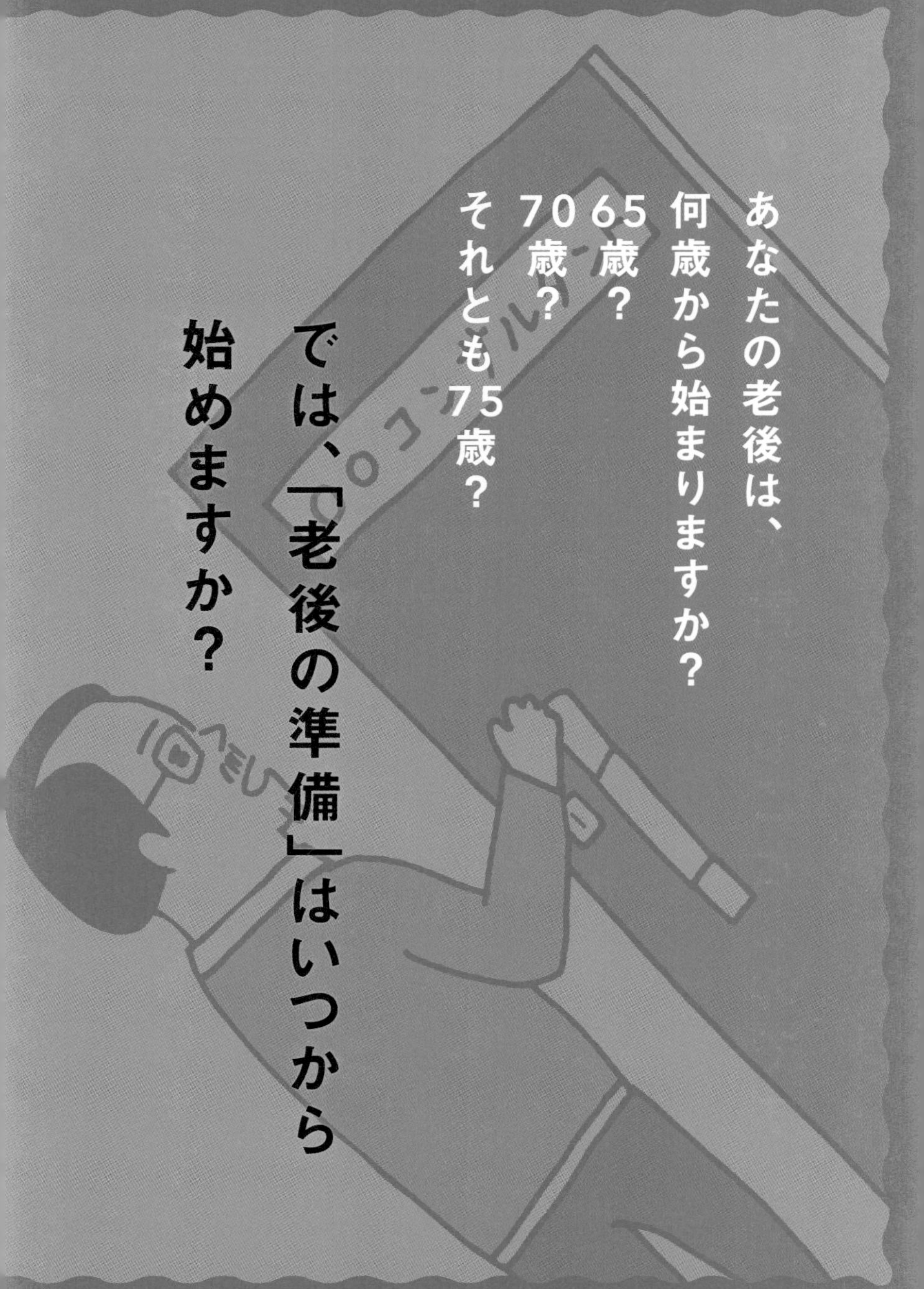

あなたの老後は、
何歳から始まりますか？
65歳？
70歳？
それとも75歳？

では、「老後の準備」はいつから
始めますか？

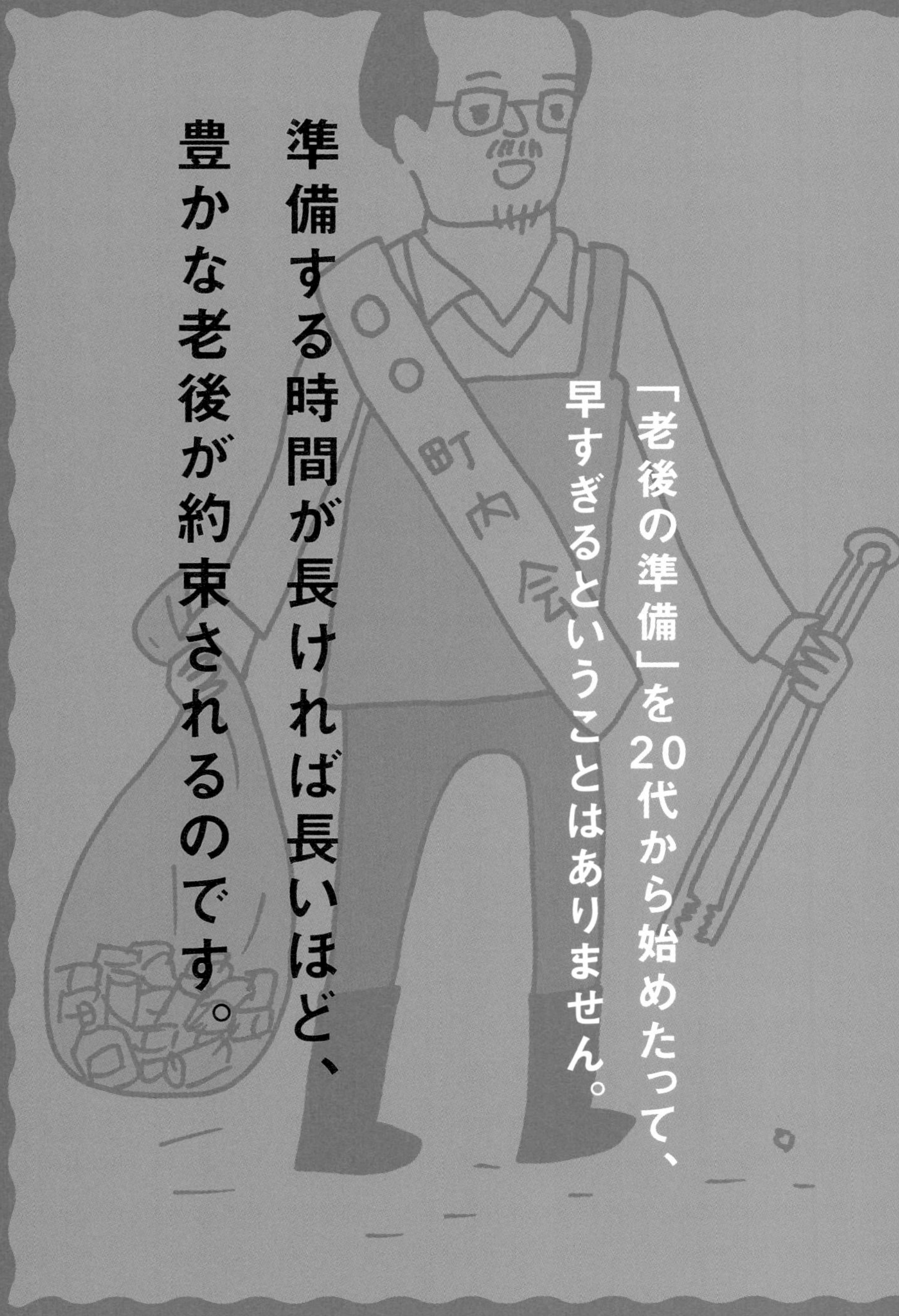

「老後の準備」を20代から始めたって、
早すぎるということはありません。

準備する時間が長ければ長いほど、
豊かな老後が約束されるのです。

はじめに

あなたは「老後」をイメージしたときに、どんな言葉を思い浮かべますか？

「老後破産」や「孤独死」といったネガティブな言葉でしょうか。

確かに年金制度はどうなるかわからないし、50代男性の4人に1人は生涯未婚というニュースを聞くと、どうしても暗い将来をイメージしがちです。

しかし、実は大半の年金生活者は、悠々自適でのんびり楽しく暮らしています。暗い現実がニュースになるのは、それが人目を引くからであって、必ずしも多くの人が寂しく過酷な老後を送っているわけではないのです。


でも、これから老後を迎える、50代、40代、30代の現役世代には、辛い将来が待っているんじゃないか？　そう考える人があっても不思議はありません。

私は、ここ20年の間に、3000人のミリオネアから話を聞く機会をいただきました。
また、講演会やセミナー、相談会を通じて、豊かな老後を送っている方や、反対に残念な老後を送っている方にも数多くお会いしました。

そこで得られた一つの真実があります。

豊かな老後を送るのに必要なのは、

●資産家の家に生まれることでもなければ、
●現役時代の高い収入でもなければ、
●不動産などの資産でもありませんでした。

豊かな老後を送っている方々は、例外なく、
自分の「なりたい老後」をイメージして、そのための準備を現役時代からしていました。
現役の時に老後の準備をしていたか、していなかったかの違いなのです。現役時代に準備しておくことで、豊かな老後を送ることが可能になります。

考えても見てください。

すべてもものごとにはプロセスがあります。

何の理由もなくいきなり太る人はいません。毎日の食生活が積み重なって、ある日気が付いたらデブになっているのです。逆のパターンも同じで、毎日の節制と運動が積み重なって、引き締まった体を手に入れることができます。

豊かな老後を送る人も、貧乏で寂しい老後を送る人も、そこまでに至るプロセスが必ずあるはずです。

豊かな老後を送れるか否かは、現役時代にそのプロセスを疎かにしなかったという因果関係が成り立っているのです。

ここで勘違いしないでほしいのは、**お金さえあれば豊かな老後を送れるわけではない**ということです。

豊かな老後は、私は次の6つの要素から成り立っていると思っています。

●お金

●人間関係
●健康
●住まい
●働き方
●生きがい

このどれかが欠けていても、豊かな老後とは言えないでしょう。

とにかくお金がなければ、みじめな老後になるでしょう。

かといって、お金があっても、人間関係や健康が欠けていれば、これまたさびしく辛い老後になるのです。

これらの6つに共通しているのは、**老後が来たその時になって心配しても手遅れだ**ということです。

お金はもちろん、人間関係、健康、住まい、生きがい――いずれも、たっぷりと「時間」をかけて準備するべきものなのです。

すべて貯蓄と考えてください。老後のために、お金を貯蓄する、健康を貯蓄する、人間関係を貯蓄する、ライフワークのための資格や知識を貯蓄するのです。

老後を65歳からと設定するのか70歳からと設定するのかは、個人個人で違うでしょう。でも、老後の準備は、今すぐにでも始めることができます。そして始めるのが早ければ早いほど有利なのです。

幸せな老後の切符を手に入れるために、本書と一緒に準備を始めましょう。

田口　智隆

本書における情報は、あくまで情報提供を目的としたものであり、いかなる投資の推奨・勧誘を行うものではありません。

本書の内容は２０１８年７月１日時点での情報を記載したものであり、法律・制度・商品内容などは予告なく変更される場合があります。

本書の情報を利用した結果として何らかの損失が発生した場合、著者及び出版社は理由のいかんに問わず、責任を負いません。投資にかかる最終決定はご自身の判断でお願いいたします。

金持ち老後、貧乏老後　目次

第1話

貧困老人にならない「お金」の話

第2話

孤立老人にならない「人間関係」の話

第3話

寝たきり老人にならない「健康」の話

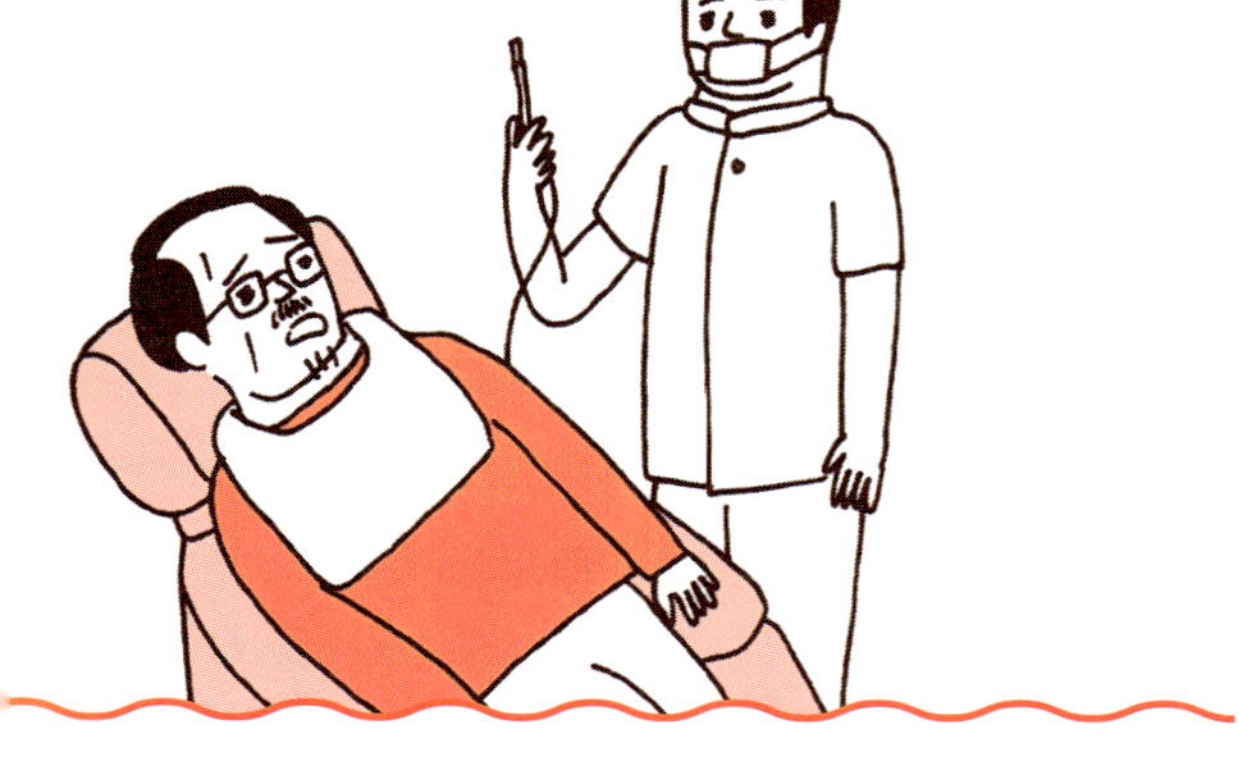

第4話

家なき老人にならない「住まい」の話

第5話

枯葉老人にならない「働き方」の話

第6話

空っぽ老人にならない「ライフワーク」の話

第1話

貧困老人にならない「お金」の話

こんな人が、老後にお金で困る人

老後に「お金で困る人」と「悠々自適に暮らせる人」は、どこが違うのでしょうか。

私はこれまでに個別のカウンセリングを通じて多くの方にお会いをしてお話を聞く機会がありましたが、老後にお金で困る人には、共通点があります。

実は**現役時代の収入の多い少ないは、それほど老後にお金で困る人になるか、ならないかには影響しません**。現役時代の収入が平均年収と比べて低かったとしても、生活レベルが収入に合わせたものであれば、リタイアした後もそれほどお金に困ることにはならないからです。

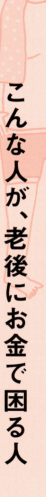

老後にお金で困る人というのは、現役時代の生活のレベルを保とうとして、老後の収入がそれに追いつかない状態です。

なぜこういう事になるのかといえば、**現役時代に、老後の収入や支出をイメージして準備するという行為を怠っていたから**なのです。

老後にお金で困らないようにしようというのは、別に、億万長者や資産家を目指そうと言っているわけではありません。そんなレアケースをモデルにしても意味はありません。

老後生活でお金に困っていない人というのは、現役で働いている時から、自分が65歳や70歳になった時に、自分たちの年金はどれくらいもらえるだろうか、自分たちの毎月の生活費はどれくらいになるのだろうということを、自分でしっかりと調べていた人たちです。

そして、自分たちが理想とする老後生活に年金だけでは不足するのであれば、その足りない分を貯蓄という形で用意しておこうと準備をしていた人たちです。

まだ大丈夫だと思って準備していない人が半分もいる

マーケットリサーチ会社のライフメディアが、30歳から59歳の現役世代男女を対象に、老後の不安についてアンケートをとっています。それによると、75%の人が老後に不安を感じており、不安を感じる項目は、以下の順番になっています。

・老後の資金
・年金制度
・病気やケガ
・老後の住環境
・老後の仕事
・親の介護
・自身や配偶者の介護

若い世代を含むアンケートなので、こういう結果になったのでしょう。60代以上のシニア世代に聞いたならば、「年金制度」や「老後の仕事」といった答えは出てこないからです。

特に現役世代は、年金の受給額が今の年金受給者よりは確実に下回ることが予想されます。平成25年に生命保険文化センターが行ったアンケート「公的年金に対する考え方」を見ると、60代男性で年金だけで生活をまかなえると答えた人が37・4%に対し、30代男性では11・6%でした。30代女性にいたっては、6・4%しかおらず、いかに公的年金があてにされていないかがわかります。

では、そんなに老後の生活に不安があるならしっかり準備を始めているのかといえば、そうでもないようです。

同じくライフメディアの調査によれば、「あなたは老後のために貯金をしていますか?」という問いに対して、「年金がなくても生活していける程度は蓄えている」と答えた人がわずか4・7%、「年金と合わせて生活できる程度は蓄えている」と答えた人が43・3%、「ほとんど蓄えていない」と答えた人が52%でした。

つまり、**現役世代の半分は老後の準備は何もしていないということです。**

「今の生活が大変でそこまで手が回らないよ」「そんな先のこと、まだ間に合うさ」というのが、正直な気持ちでしょう。理由はどうであれ、「老後にお金で困る人」の予備軍であることに間違いありません。

「まだ間に合うさ」と思っている人は、資産形成にとって、「時間」がいかに大切なのかがわかっていないのです。

ポイント

老後にお金に困らないために、現役時代から準備する

現役世代は、親の世代を成功モデルにはできない

私は現在45歳ですが、親の世代である70歳前後の方々で、特に定年になるまで会社員として同じ会社に勤めてきた人は、退職金をもらい、年金もそれなりに支給され、悠々自適の老後生活を送っています。

私の父は一昨年、71歳で亡くなったのですが、母は、年金を受け取りながら、今でも近くの公立の病院で食事を作る仕事に、パートとして週2回ほど働きに出ています。これまでの貯蓄と年金があるので、暮らしに困ることはないのですが、仕事を通じて社会との関わりを保っているのです。

私の祖父母の世代となると、60歳前後で隠居して、畑仕事をしながら老後生活を楽し

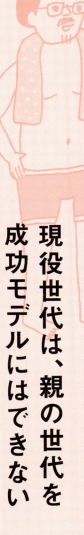

んでいました。たくさんもらっていたかどうかはわかりませんが、少なくとも年金や生活費について困っていたような感じはまったくありませんでした。

親の世代ぐらいまでは、結婚をして子供が生まれたら家を建てて、定年までには住宅ローンを返済し終えているというライフデザインが当たり前だったので、老後に住むところがないとか、住居にかかるお金が生活費を圧迫するといったこともありませんでした。

祖父母と親の世代では、老後のお金に関する成功法則にギャップはなかったといえるでしょう。ですから、親の世代は、自分の親の世代を見て、そのやり方をマネすればよかったのです。しかし、私たち世代と親の世代では、老後のお金に関して相当なギャップがあることを自覚しておかなければなりません。

自分の親を見て老後生活をデザインすると、誤った方向に行きかねないのです。

自分たち世代の老後について、きちんとイメージして、現役の時から準備しておかな

くてはならないのです

老後に一体いくらかかるのか？

では、老後の生活にはどのくらいのお金がかかるのでしょうか？

次の図は、２０１４年に総務省が発表した「家計調査報告」から作成したものです。世帯主が60歳以上の無職世帯（二人以上の世帯）の１か月間の収入と支出です。

月額にかかる支出27万７８６０円に対して、月の収入は20万６９９２万円で、月々約７万円が不足しているのがわかります。この不足する分は退職金を含めた預貯金を取り崩してカバーしているのです。

現在の高齢者の平均支出は27万７８６０円と出ていますが、項目支出を眺めてみて私が特徴的だと感じるのは、住居に関する支出が圧倒的に少ないことです。マンションも含めた持ち家の比率が高く、すでにローンを支払い終えていなければ、こんなに少な

60歳以上の無職世帯の月間の収支

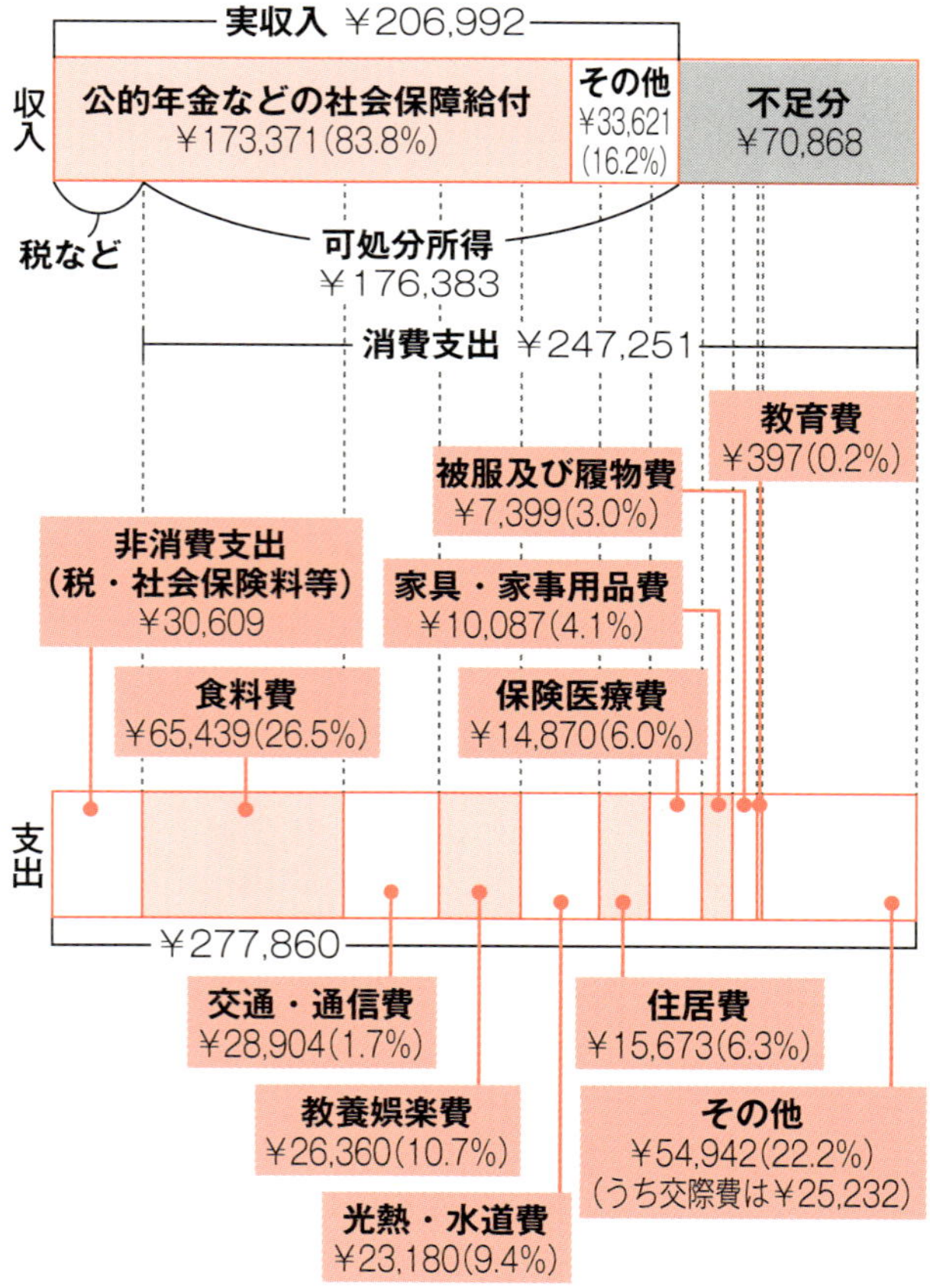

総務省「家計調査報告（2014年）より作成

い金額にはなりません。そのあたりは、注意して見なければいけないところです。

ポイント

老後の生活には夫婦二人で28万円ぐらいかかるらしい

自分たちの老後を想像してみる

「老後のための資産設計」といったようなセミナーに行くと、前項のような説明をされて、老後に不足する分のお金を、貯蓄や保険や投資で準備をしておきましょう、といったアドバイスを受けます。

確かに、現実を見据えて予測をして計画を立てなくてはなりませんが、私は、**一般的な家庭モデルを設定して、それに全ての人を合わせるのはナンセンスだと考えています**。

１００人いたら、１００通りの人生があり、老後の生活があり、家庭があり、１００通りの家計があり、金銭に対する価値観があるのです。それほど、人は一人一人違うものだと思います。

一般的に言えば、28万円が夫婦二人で老後を送る平均額かもしれませんが、まず、現役世代である自分たちが、夫婦二人で月にいくらの収入に対していくら支出しているのか、しっかりと算出してみる必要があります。それをやることによって、自分たちの老後の暮らし方が具体的に、そして鮮明になってきます。そこが老後生活に必要となるお金のベースになるのです。

老後になったからといって、一般的な基準に自分たちの生活をむりやり合わせるのは難しいし、ストレスを感じることになります。支出をチェックすることで無駄な支出を発見することができれば、今のうちから無駄を取り除くことができるのです。

今現在、毎月どのくらいの金額で生活をしているのかをチェックして、それをベースに老後生活に必要となるお金をシミュレーションするべきなのです。

何にお金をかけているのか各家庭で違うのは、何を優先すべきかのお金に対する価値観が違うということです。老後を迎えたからといって、その価値観を変える必要はありませんし、おいそれと変えられるものでもありません。

ですから、今現在の自分たちの支出バランスをベースにして老後のお金を考えるよりほかないのです。

100歳まで生きるとして、いくら不足するのか算出してみよう

老後のお金は、まず支出を先にシミュレーションして、それから収入について考えます。30代、40代の現役世代は、老後を迎えるまでにまだ準備期間があるので、それができるのです。

自分が何歳まで生きるのかは神のみぞ知るですが、病気にかからなければ100歳まで生きられてしまう可能性を考えて、この本では100歳からリタイアメント時の年齢を引いた年数を、老後生活の期間としましょう。

まず収入として大きな柱となるのが年金です。

今は「ねんきん定期便」や「ねんきんネット」などで、自分が受給できる年金額を調べることができます。実際に年金を受け取る時になって、その金額通りになるかどうかは不確定ですが、いちおうの目安にはなります。

（毎月の支出から年金受給額を引いた額×12カ月×老後期間）で出てくる金額が、老後に不足するであろう金額＝現役のうちに用意しなければならない金額となります。

70歳でリタイアして、その後の生活で仮に毎月10万円不足するのであれば、10万円×12カ月×30年＝3600万円が老後に用意しなければならない額となります。

一般的に、老後には5000万円必要だとか1億円は用意しておきたいなどと言われますが、ここでも、「一般的な数字」に踊らされず、自分たちの老後生活に必要な資金をベースにして、それに向けて淡々と準備していけば、老後に対する不安はなくなるはずです。

ポイント

現時点での生活費をベースにして老後の収支を考える

老後資金はこうやってつくる

では、不足する老後資金をどうやって準備すればよいのでしょうか。

まずは、**現状の手取り収入の最低でも1割以上、できれば2割以上を老後生活のための貯金に回してください。**これまでに貯金をすることが出来なかった人には、給料が入ったら強制的に天引きされるタイプの定期積立預金がおすすめです。

天引きされたお金は最初からなかったものと考えて、これを少なくとも1年間は続けることで、お金を貯めるクセをつけましょう。

貯蓄を徹底したいのならば、貯めるだけの専用口座を持つのもおすすめです。給料が入った瞬間に、別口座に定額自動送金システムで預金します。強制的に預金するのです。

人間の心理として、普段使っている口座に１００万円あると思ったら、使いたくなってしまいます。だからこそ、日常生活で使っている口座には必要最小限のお金だけを残して、絶対に手をつけられない状況を作るわけです。

お金が貯まらない人には、特徴的な行動パターンがあります。

まず、財布のお金がなくなるたびにちょこちょこＡＴＭでお金を引き出す人は貯まりません。毎月決まった日に決まった金額を引き出す人の方が、お金が貯まっている傾向があります。

クレジットカードの使い方にも注意が必要です。毎月の支払い額を減らすためにリボ払いを選択する人がいますが、それで年15％もの余計な利息を払わされています。**クレジットカードでの支払いは一括払いが原則**です。

100万円貯まったら、積み立て投資に移行して、複利のパワーを利用する

貯金を続けて100万円が貯まったら、今度は積み立て型の投資信託にステップアップしてみましょう。貯金では金利がほとんどつかないので、リスクをとって複利のパワーを利用してお金を増やしていくのです。

投資信託は貯金と違って元本保証されていないので、積み立てたお金が減ってしまうリスクがありますが、時間を味方につけることでリスクを軽減することは可能です。

ここでポイントになるのは、「時間を味方につける」ということです。次の図を見てください。

複利は時間を使ってJカーブを描くように資産を増やしていくことができます。そこが複利の一番のパワーです。

複利とは、元本と利息の合計に対して利息が計算される方法で、元本Aに対して利

単利で受け取る利息額は常に一定

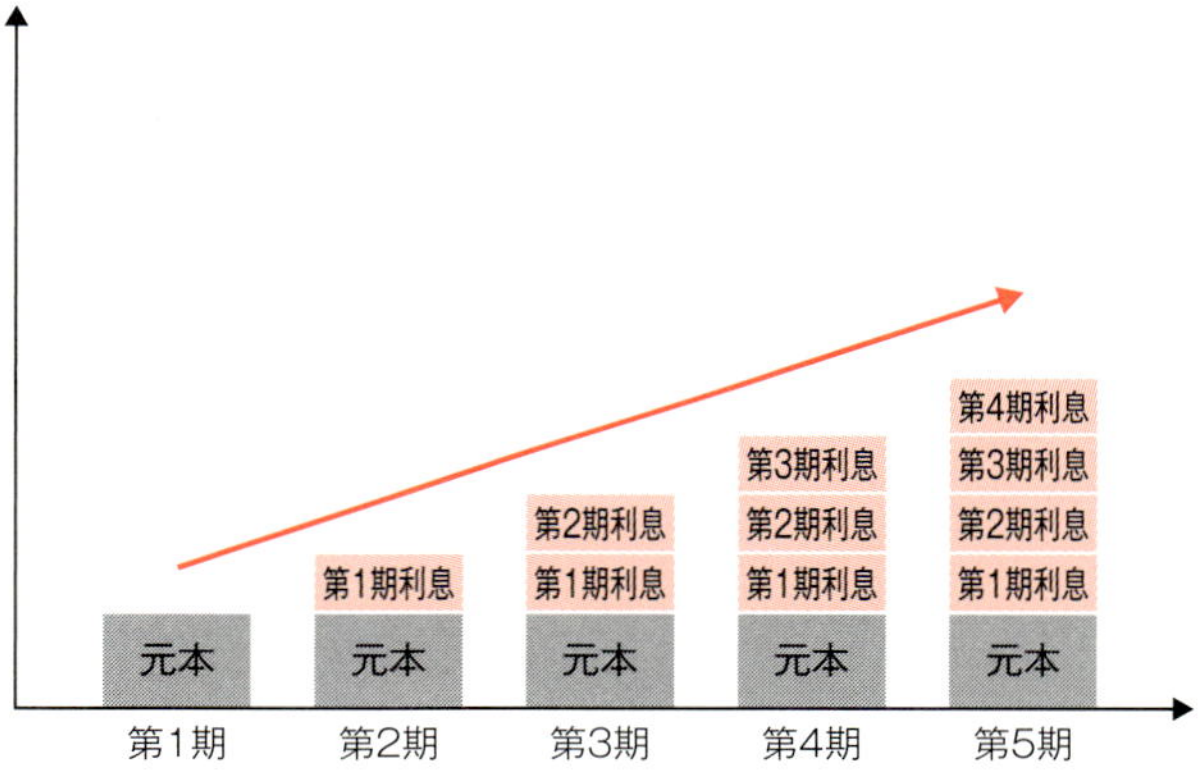

福利は時間が経つほど利益も大きくなる

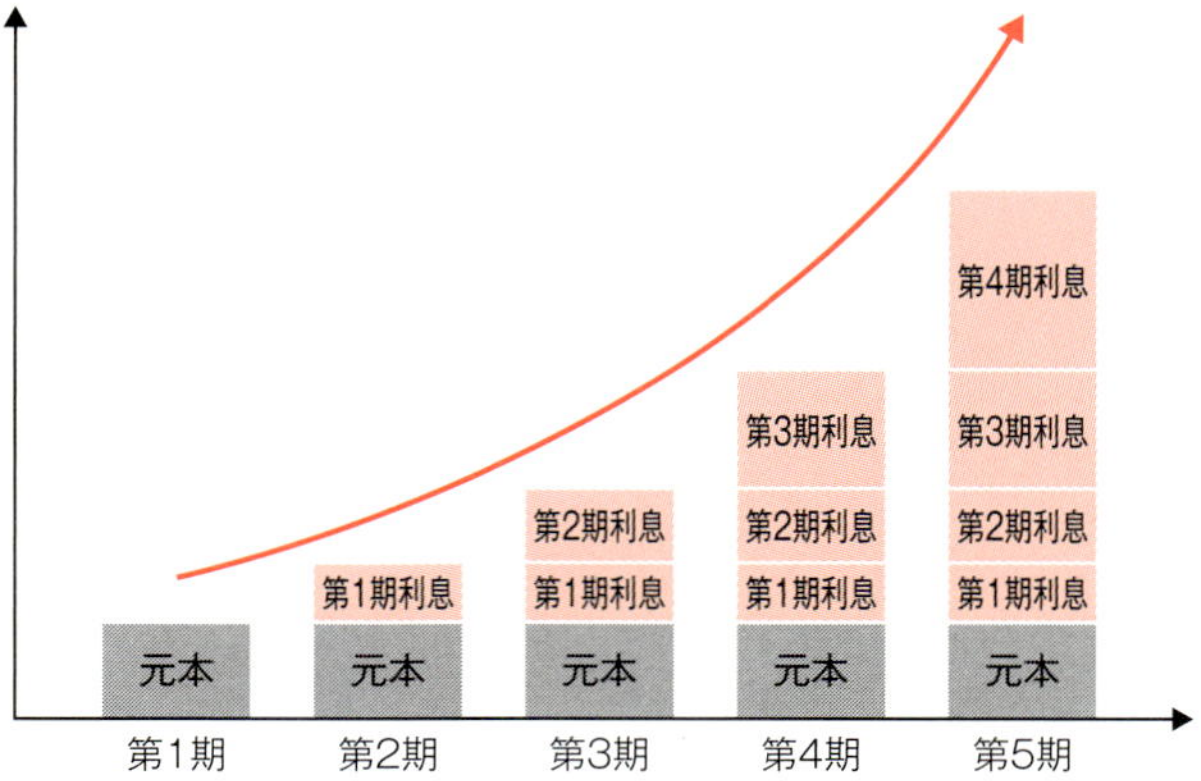

息Bが発生したならば、次には、元本A＋利息Bに対して利息が発生するので、お金は直線ではなく上昇カーブを描きながら増えていきます。

同じ元本で同じ利率であれば、単利と複利では、預入期間が長くなればなるほどその差は大きくなります。

複利を活用することができれば、資産を効率よく増やしていくことができます。雪だるま式にお金が増えていく状態をイメージしてください。逆に複利のパワーを使わず闇雲に投資をしても、お金を増やすことはできないのです。

複利の本質は、投資で得た利益の再投資にあります。増えた利益を使ってしまうのではなく、元本に組み入れて運用額を雪だるま式に大きくしていくところに複利のメリットがあります。

さらに、運用する期間によっても資産の増え方は違ってきます。

このように、資産を増やすには、「複利」で「長期間」運用することが、最も効果的

期間が長いほど福利の効果は大きい
（3期間比較　5％福利と5％単利の運用結果）

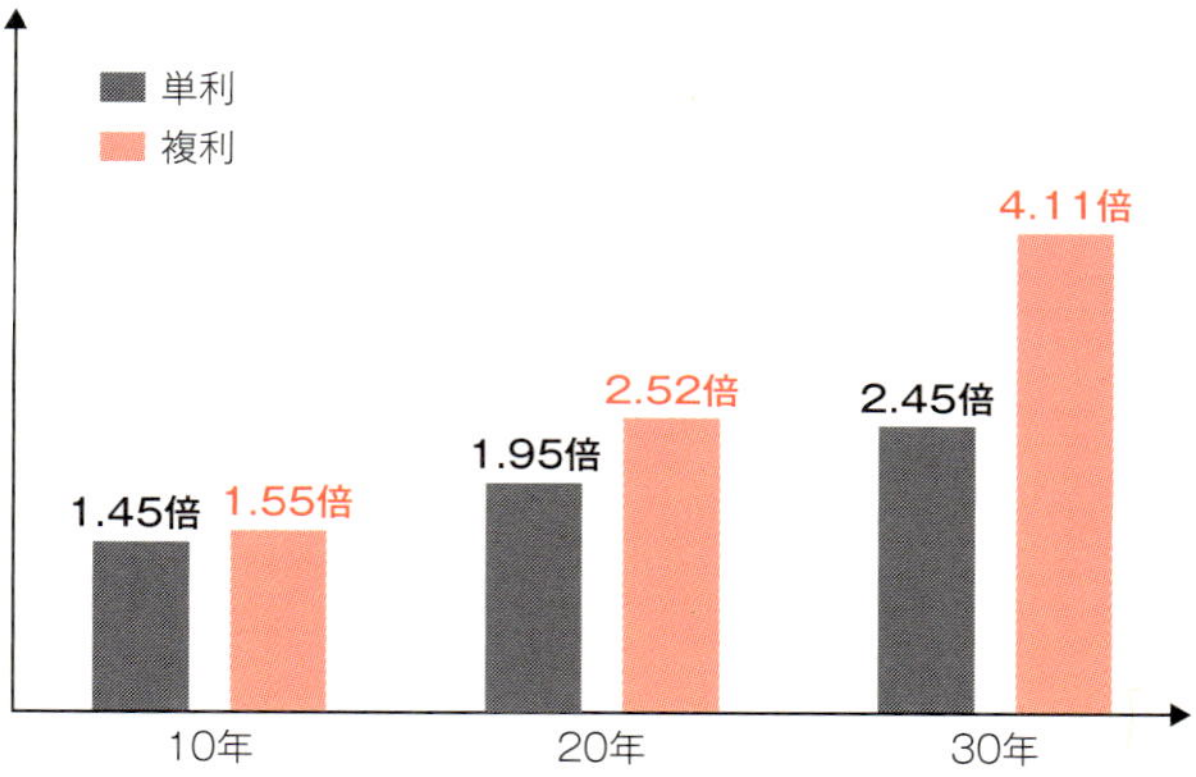

であることがわかります。元本が少なくても、「時間」を味方につけることで複利のメリットを最大限に受けることができるのです。少しでも早く複利の金融商品を購入して長期間投資することが成功のポイントになってきます。

例を挙げると、１００万円の元本を年利５％の商品で運用すると、20歳で始めたならば、60歳時点で約７００万円になりますが、30歳で始めると約４２０万円、40歳で始めた人は約２５０万円と、大きな差がつくのです。

投資信託を使うならインデックスファンド

投資信託は大きく分けると、インデックスファンドとアクティブファンドの2種類に分かれます。

長期での積立投資に向いているのは、インデックスファンドです。アクティブファンドは、有能なファンドマネージャーが有望株を見つけ出して大きな収益を上げるのを目的としたもので、一見よさそうに思えますが、コストがかかる分だけインデックスファンドに勝ち続けるのが難しいというバックデータが出ているからです。

この本では、コストの低いインデックスファンドを使って積立投資をしていくことをおすすめします。

インデックスファンドの中でも購入時の手数料がかからない、ネット証券（マネックス証券やSBI証券）などで販売されている、ノーロード投資信託を選ぶようにしましょう。1％でも0・5％でも手数料を取られてしまうと、パフォーマンスが低下してしまい、それが何十年も続くと大きな差になるからです。

まったく同じ内容の投資信託を購入しても、ネット証券で購入すれば手数料のかからないものが、担当者が介在する大手の証券会社で購入すると、手数料を取られてしまう場合もあるので、基本的にはネット証券に口座を開設して積立投資をされることをおすすめします。

選択する投資信託は少なくとも、日本株、海外株、日本の債券、海外の債券の4つのカテゴリーが組み入れられていることが条件です。それら4つのカテゴリーに加えて国内不動産や海外不動産、金やプラチナなどが入っていても構いませんが、4つのカテゴリーを中心としている投資信託を選ぶようにしてください。

積立貯金と同じように、自分の給料日に合わせて、毎月決まった金額を引き落とするように設定しておけば、自然と資産額が積み上がっていくのです。

給料のベースアップが見込める人は、手取りの額が増えるごとに比例して積立額を増やして行くのもよいでしょう。

いつから始める？　今から始める

よく、積立貯金や積立投資をいつから始めればよいのでしょうか？と聞かれることがあります。

答えは簡単で、**その気になった「今」がスタートするのに最適な時期**なのです。本書を最後まで熟読していただくのは大変ありがたいのですが、実は、この章だけを読んで、すぐにグーグルで検索して資料請求をして積立投資を始めるというのが、正しい読者のあり方です。

最後まで読んだはいいけれど、最初に書いてあった積立投資のことはすっかり忘れてしまっては、元も子もないからです。

本を読み終えて、本棚にしまったりブックオフに持っていって、おしまいにしてほしくないのです。読み終えた本をブックオフに持っていくのは構いませんが、その前に、ここに書かれていることをぜひ実行してほしいというのが、著者の切なる願いです。

長期での積立投資におすすめの投資信託

- **セゾン・バンガード・グローバルバランスファンド（セゾン投信）**
- **楽天資産設計ファンド（楽天証券）**
- **SBI資産設計オープン（SBI証券）**
- **マネックス資産設計ファンド（マネックス証券）**

以上はいずれもインデックスファンドです。購入時の手数料は無料で、自動的に毎月積立投資ができるように設定することができます。

積立投資の良さを実感するのは、10年単位で振り返った場合です。リーマンショックなどの大きな経済の波があったとしても、10年で平均してみると、なるほど、資産が増えていることを実感するでしょう。途中で止めてしまうと、その良さがわかりにくいのです。

ポイント

投信商品は必ず4つのカテゴリーでリスクを分散する

時間を味方につけて長期戦で戦う

複利のパワーを存分に生かす

投資で成功する人、失敗する人

私がバランス型のインデックスファンドを使った積立投資をおすすめするのは、過去のバックデータがとれているからです。過去を検証すれば、10年単位で見て、年平均で7%程度のパフォーマンスが見込まれることが実証されているのです。

「FXはどうですか?」「ビットコインはどうですか?」「個別銘柄の株式投資はどうですか?」と聞かれます。それぞれに魅力がありますし、一概には否定しません。

しかし、「老後の資金作りのために」という目的を考えると、10年~30年かけて投資するに値する金融商品は、私は「バランス型のインデックスファンド」しかないと思っています。堅実性とパフォーマンスを両立してこれに勝る商品はないからです。

投資のリスクをどう考える?

失敗しない投資を考える前に、失敗する投資について考えてみましょう。

まず、投資の中味について理解していない場合には、失敗する確率が高いと言えるでしょう。この場合、往々にして周囲の声やマスコミの記事に煽られて、「儲かる」という期待値だけで投資を始めてしまうのです。これでは失敗してしまうのも仕方ありません。

他人から聞かれてうまく説明できない金融商品に投資するのはやめましょう。説明できないということは、商品の仕組み自体が複雑で、それに頭が追い付いていかないわけですから、どこにリスクがあるのかも理解できていないケースが多いのです。

例えば競馬で考えてみましょう。競馬も不確定要素が高いギャンブルではありますが、それでも、どの馬が1着に来れば自分が儲かるのか、ゲームの仕組みは誰でも理解できます。

「説明できない金融商品」とは、どの馬が走るのかもわからない、どの馬が1着に来たら自分が儲かるのかもわからない状態と考えれば、どれだけナンセンスな投資かが実感できるでしょう。

商品の仕組み（ゲームのルール）を理解していれば、どんな時に自分が損をするのかわかりますし、それに対して対応策を考えることができるのです。

個人投資家の9割は投資に失敗している⁉

「お金をとにかく増やしたい・減らしたくない」と切望する個人投資家が、期待する成果を上げているのかといえば、それはNOです。どんなに思いが強くても、それが結果につながるわけではありません。

投資家の9割は損をしているということがよく言われていますが、これにはエビデンスがありません。なぜエビデンスがないかといえば、負けた人のデータはとりようがないからです。

仮に投資家1000人に、「あなたは資産を増やしていますか?」と質問したならば、かなりの確率で「増やしています」と答えが返ってくるでしょう。当然です。投資マーケットにいるのは、勝ち続けてマーケットに残っている人と新規参入してまだ勝ち負けが確定していない人が大半だからです。

投資で損をして二度とやるものかと思った人は、すでにマーケットから去っていいます。データの取りようがないというのはそういうことです。

ならば、投資家9割失敗説は間違いかというと、そうとばかりも言いきれません。上手くいっている時に投資を止める人はいません。上手くいったりいかなかったりを繰り返して、結局大損した時点で投資を止めてしまうので、大半の人は投資に失敗してマーケットから退場するのです。

一喜一憂する人は投資には向かない

自分が投資した商品の上げや下げに一喜一憂する人も投資には不向きです。例えば株式の売買では、安く買って高く売ることができれば、利益を得られます。ところが、日々の値動きに感情を激しく揺さぶられる人は、必ずと言っていいほど、高値掴みして、底値で売るという行動をとってしまいます。

市場が活況を呈して、どんどん株価が上がって、日経平均3万円も近いなどと煽られると、居ても立ってもいられずに買いますが、その時には株価はピークを打っています(高値掴み)、そして右肩下がりに値が下がり始めると怒りと後悔が沸いてきて、「騙された、こんな株いらない」と売ってしまいます(底値で売る)。

一喜一憂に心を支配されてしまう人は、どうやっても、投資で儲けることはできないでしょう。

もう一つ危険なのは、余裕資金でないお金を投資する場合です。親戚や金融機関から借りたお金で投資をするのはもってのほかです。返済しなくてはならないという時間的な制約が投資で成功することを難しくしますし、金利の付くお金で投資をして、金利以上の成果を上げるのは、非常に困難です。

ポイント

資産形成は、一喜一憂しないで「時間」を使ってじっくり構える

現役時代は「資産形成期」、老後は「資産運用期」

現役時代は、「資産形成期」と考えてください。資産という雪だるまを複利によって大きくしていく段階です。

老後を迎えたならば、今度は「資産運用期」が待っています。大きく育った雪だるまを不動産投資信託や高配当の株などで運用するというイメージです。大きくなった雪だるまを使ってお金を生み出すのが資産運用なのです。

インデックスファンドで積立投資をして、雪だるまを大きくしてリタイアメントの70歳を迎えたとします。継続して保有しているインデックスファンドが毎年7％の利回りを生み出してくれるのならば、その分を取り崩して年金の不足分に補充すればいいので

資産形成期＝雪だるまを複利で大きくする
資産運用期＝雪だるまを使ってお金を増やす

すが、実際はそうではありません。

インデックスファンドは、10年経って振り返って年平均の利回りに計算し直すと7％程度になっているという理屈なので、実際には、ある年は10％で回って、ある年はマイナス10％になるという凸凹ができてしまいます。

老後を迎えた段階で、大きな雪だるまが形成できたならば、それを今度はお金を生み出してくれる金融商品に預け替えるというのが「資産運用」であり、その預け先が不動産投資信託であったり、高配当の株であったりするわけです。

サラリーマン大家さんってどうなの？

最近では若いサラリーマン大家さんが増えているようですが、現役世代における不動産投資は、あくまで家賃収入という副収入が得られることを前提にしなければなりません。つまり、銀行へのローン返済よりも家賃収入が確実に上回っていなければ、意味がないということです。

生命保険代わりとか、老後の自分年金としてという目的で不動産投資を始める方もいるようですが、それも、毎月のキャッシュフローが黒字であるという前提がなければ正直お勧めできません。毎月のキャッシュフローが黒字の物件であれば、売却する場合も容易ですし売却益も期待できます。

しかし、現在売られている新築や築浅の物件で、キャッシュフローが最初から黒字になる物件がどれほどあるでしょう。大きな金額を借り入れるわけですから、よほど物件を見る目がなければ、不動産投資でお宝物件を見つけるのは難しいのではないでしょうか。

家賃収入からローンの返済、固定資産税、管理費や修繕積立金などの諸費用をすべて差し引いた利回りが5%を超えていればまだやる余地もありますが、そのような物件を見つけるのはなかなか難しいのではないでしょうか。それに比較すれば、現在のJリートの平均利回りが4～5％ですから、現物の不動産物件に投資をするよりもよほど理に叶っていると言えます。

不動産価格が右肩上がりで上がる時代なら話は別ですが、これだけ空き家・空き室問題が言われているわけですから、よほどの人気エリア以外では不動産価格の上昇を期待するのは難しいでしょう。不動産投資に興味のある方は、まずはＪリートで始めることをおすすめします。

人生の3大資金　老後資金、住宅資金、教育資金の配分

老後資金は、手取り収入の最低でも10％以上を積み立てする、とお伝えをしてきましたが、実際には子供の教育資金や自宅購入の頭金を貯めるので、老後資金には回らないよという家庭が多いかもしれません。

なので、この手取り収入の10％以上を将来のための資金と捉え直して、各家庭の事情に合わせてうまく配分すればいいのです。

当面は子供の教育資金がひっ迫しているのであれば、6万円のうち、4万5千円を教育資金に、1万円を自宅の頭金に、5千円を老後資金にというふうに、臨機応変に配分します。自宅は買うつもりはない、あるいは親から相続する予定であれば、住宅資金は必要ないですし、子供を持つ予定がないのであれば、教育資金も必要ありません。

各家庭の事情に合わせてバランスを決めていけばよいと思います。ただし、それでも老後資金は、ゼロにはしないでください。少額でも継続して貯め続けることに意味があるからです。

共働きの夫婦であれば、どちらかの収入で生活して、もう片方の収入を全て貯蓄に回すことができれば敵なしです。あっという間に老後資金が貯まるでしょう。

ポイント

資産形成期には不動産投資は不向き
手取りの10%～20%を将来資金に回そう

第2話

孤立老人にならない「人間関係」の話

老後も夫婦仲良く暮らす秘訣

定年を迎えリタイアすると、家族や友人が離れていってしまい、誰とも交わらず一人ひっそりと生活する老人が増えています。

ボランティアや仕事をしていれば、まだ社会とのつながりは保てるのですが、完全にリタイアして隠居生活に入ってしまうとそういうわけにもいかず、孤独な老後を送るのです。

豊かな老後を過ごすには、豊かな「人間関係」が必要です。

しかし「人間関係」は、資産と同じで、一朝一夕に作れるものではありません。

仕事以外に目を向けてこなかった仕事人間がリタイアして、いざ友達を作ろうと思っても、上手くいくはずがありません。同じくリタイアしている同世代の人たちの間では、すでに人間関係ができており、そこに新参者として入っていくのはかなりハードルが高いと言えるでしょう。

現役時代に資産を形成するのが大事なように、**人間関係も現役時代から形成しておくことが、孤独な老後にならない秘訣なのです。**

熟年離婚するぐらいなら、早く別れるべき

人間関係は、大きく分けて、夫婦関係・親子関係・身内以外の第3の関係の3つに分けることができます。

まずは夫婦関係から見ていきましょう。

定年退職を機に、奥様から離婚を言い渡されて途方に暮れる、という話をよく聞きます。熟年離婚というやつです。

「どうしたらいいんでしょうかね?」と相談に来られる方には、「残念ではありますが仕方ないですね。すっきりして再スタートしましょう」と答えています。離婚を望んでいる相手と無理に婚姻関係を継続しても、お互い幸せになれないのは目に見えているからです。

熟年離婚は、ある日突然どちらかが思い立って言い出すわけではなく、それまでの長い間の積み重ねがあっての結果です。もし、自分の気持ちの中に、相手に対する違和感があるのであれば、老後を待たずに、なるべく早く解決する必要があります。

老後の生活をイメージしたときに、お互いに埋められないほどのギャップがあるならば、早く別れるに越したことはないのです。

特に金銭感覚にギャップがある場合は大事です。現役である今の段階で、金銭感覚のギャップが、お互いに歩み寄れるものなのか、そうでないのか、はっきりしておいた方がよいでしょう。さもなければ、お互いにストレスを感じながら今後も結婚生活を続けていくことになり、老後になってからは、取り返しのつかないことにもなりかねません。

なるべく早い時期にお互いの価値観の擦り合わせをして、老後を含めた将来にわたって一緒に生活していけるのかどうか、確認しておきましょう。現状で違和感を感じているのであれば、時間が経てば経つほどギャップは広がってしまい、いつしか埋められない大きな溝となるからです。

人はおうおうにして別れない理由を探し出します。自分で自分の結婚が失敗だったとは認めたくないからです。別れない理由の多くは子どもの存在です。しかし、老後の生活を迎えるころには、子供は家から独立をしていて、実際には二人だけの長い老後が待っています。

ポイント

老後の夫婦関係も現役時代の延長だ。いまがダメなら将来もダメと諦めよう

老後にどんなライフスタイルにしたいのか、夫婦会議で話し合う

老後の生活イメージを、本音で話し合う機会を持つことで、夫婦の関係を見つめ直しておきましょう。

実際に口に出さなければ、自分の思いは相手に伝わりません。漠然と、老後も夫婦一緒に過ごすのだろうなと考えていても、実は、お互いに考えていることはまったく違っていた、ということもあり得ます。

ご主人は、リタイアしたら田舎暮らしがいいなと思っていても、奥さんは、便利な下町あたりでコンパクトなマンションに住みたいと考えているかもしれません。

空気のきれいな信州あたりで老後を送りたいと思っていても、相手は気候が温暖な伊豆がいいと思っているかもしれません。口に出して、お互いにどんな老後をイメージしているのか、話し合うことが大切です。

現役時代のギャップを、見て見ぬふりをして、お互いのギャップを埋めずに老後に突入してしまうと、一気にこれまでの不満が大爆発して修復が効かないことになります。

ただし、自分の価値観を絶対視しろというわけではありません。**人間関係を良好に保つ秘訣は、自分と相手との違いを認めて、相手に歩み寄ることができるフレキシブルな心を持つこと**です。

「こうでなくてはいけない」という考え方に縛られてしまうと、生き方の選択肢が狭まり、老後も窮屈な思いをして、自分自身やパートナーを苦しめることになります。

まずやるべきは、考え方の擦り合わせ

○老後の生活水準、○子供の教育にかけるお金、○住宅の水準――この3点について、夫婦会議を開催して考え方を擦り合わせておきましょう。

自分たちの現在の収入はどうなのか、身の丈に合った教育資金や住宅ローンはどの程度なのか、理想とする老後のイメージがあるのなら、それに向けてどう行動するべきかを本音で話し合うのです。

いろいろな選択肢がある中で、自分たちはどうするのか、何を優先するのか、こだわりをどこに置くのか、価値観の擦り合わせを常にやっておきましょう。

子供のいる家庭では、全体の支出の中で、子供の教育にどれくらい割くのかをやはり夫婦で話し合う必要があります。

旧来型の「いい高校からいい大学に入って、一流企業に入社することが幸せな人生を送る方程式だ」と考える学歴重視主義の親と、「その子に合った教育でやりたい仕事に就くのが一番幸せだ」という個性重視主義の親では、まったく子供の教育に対するスタンスが違ってくるでしょう。これが、父親と母親で意見が一致していればいいのですが、反対だったりすると、結構やっかいです。

私個人の意見としては、子供がかわいいのはわかるけれども、もう少し冷静に考えて、自分たちの老後の資産形成を妨げないくらいのバランスで、子供の教育に投資するのがいいのではないかと思います。自分たちの老後の資産形成を犠牲にしてまで、入れなければならない大学などないはずです。

ストライクゾーンを狭めない

夫婦で価値観の擦り合わせをするときに気を付けて欲しいのは、なるべく視野を広めに持つことです。「○○しなければいけない」という、ストライクゾーンを狭めるような価値観の置き方は、生きることを非常に息苦しくさせます。

「結婚したら新築の一戸建てを建てねばならない」「子供は進学校に入れねばならない」「老後はいっさい仕事をしない」などと決めつけてしまうと、他の選択肢が目に入らなくなってしまいますし、理想通りにならない現実に対してストレスを抱えてしまいます。

「これもいいけど、あれもいいよね」くらいの気持ちでいる方が、自分も周りも楽にしてくれます。また、「世間ではこれが一般的だけど、うちはこれでいいよね」というスタイルを持てば、かなり生きやすくなるのです。少し視野を広くして眺めてみれば、自分たちの老後の居場所は必ず見つかるはずです。

ポイント

夫婦でどんな老後を過ごしたいのか価値観を擦り合わせておこう

ストライクゾーンを広げて、「うちのスタイル」を確立する

自分の親や子供とも将来の話をしよう

親が健在であるならば元気なうちに、介護はどうするのか、亡くなった後の自宅・土地・金融資産などの財産の処分はどうするのかについても、話し合っておきましょう。親の死後に、銀行や証券会社の口座がどうなっているのか、さっぱりわからなくて困ったという話をよく耳にします。

特に資産家ではなくても、家や土地の権利書や口座の通帳や印鑑などについて、一覧表にしてもらって、きちんと管理してもらうようにしましょう。

お墓に関してもどうするのか、どうしたいのか親の希望を聞いておきます。

介護も、親は何を希望しているのか、現実問題として何ができるのか、よく話し合っておくべきです。昔のようにお嫁さん（奥さん）に任せるという時代ではありません。

また、奥さんに過度の負担がかかることで離婚の原因になったりもします。

今は、在宅にしろ施設にしろ、さまざまな介護の形態がありますので、親が元気なうちから見学に行ったり専門家の話を聞いたりして、準備を進めておきましょう。

子供の将来について、子供と話し合う

子供に対しては、中学生くらいになったら、自分は将来どうやって生きていきたいのか、話し合いの場を持って、考えさせるようにしましょう。

昔のように、親の職業を継ぐという時代でもなければ、学校の成績だけを元に進学する先を決めるような時代でもないと思います。

自分は将来こうなりたい、こういう職業に就きたい、だからこの学校に行きたい、あの大学に進みたいというのが、本来の流れでしょう。

なかには学校に行きたくないという子供もいるでしょう。学校に行くことが目的ではなくて、その先にどういう方向に行きたいのかが大事なので、行きたくなければそれでもいいとは思います。ただし、学校に行くことで作ることのできる人間関係もあるので、そういう意味では学校に行くことも決して意味のないことではないのです。

「学校に行きたくない」というのであれば、学校に行かないことのメリット・デメリットを挙げて、今後の人生にとってどういう影響があるのか、きちんと話し合いましょう。それを伝えられるのは親だけだと思います。

自分が困った時に助けられたというのは、子供はいつまでも覚えているものですから、親子の信頼関係を築く上でも、将来の話し合いをしておくべきだと思います。見返りを求めるわけではありませんが、自分の老後を考えた時に、子供といい関係を保っていることは、生活に潤いを与えてくれるはずです。

身内であっても、いい関係を築くには時間がかかる

夫婦間、親子間で話し合いを持つということは、別にお金がかかることではありません。ただし、「時間」はかかります。この手間を惜しんではいけないということです。

1章で、老後の資産を形成するために「時間」を味方につけようと言いましたが、同じように、**現役の時にしっかりと「時間」をかけるところには時間をかけることで、老後のいい人間関係の下地を作ることができる**のです。

夫婦関係と親子関係で違うのは、夫婦関係の場合には、価値観の擦り合わせが必要だけれども、親子間では、価値観の違いについては、論争しても仕方がないということです。

自分の親や子供が考えていることを、極力尊重しながら、自分のペースを保ちつつ、関わっていくほかありません。

ポイント

親と話し合う、子供と話し合う、
その時間と手間を惜しまない

老後に本当に必要なのは「第3の人間関係」

家族が第1の人間関係であれば、仕事での付き合いは第2の人間関係といえるでしょう。老後に向けて、本当に準備しておきたいのは家族でも仕事関係でもない、いわば「第3の人間関係」です。

この「第3の人間関係」ですが、男性よりも女性の方が上手なようです。

男性は、仕事での人間関係はありますが、それ以外のところで人間関係を増やすということがあまり得意ではありません。というか、やってきていないので、やり方がわからないと言った方が正しいでしょう。

かたや女性は、ＰＴＡなど子供を通じたネットワークを持っていたり、趣味やお稽古事の仲間がいたりと、家庭の外の人間関係が豊かな人が多いようです。

その結果、老後を迎えて、男は行くところがなく自宅で一人ランチ、奥さんは外で友達と楽しいランチタイムを過ごすということになりかねないのです。

一緒にランチをしに行く人がいますか？

老後の人間関係も、老後を迎えてから構築するのでは遅いし、無理があります。貯蓄と同様に、現役時代からコツコツと人間関係を構築した人が、豊かな老後を迎えられるのです。

現役時代に付き合っていた人たちは、現役の時にどんなに毎日顔を突き合わせていたとしても、リタイアしたらぷっつりと関係が切れてしまうものです。「仕事で親しくしていた」というのは、利害関係で結ばれた間柄です。仕事の切れ目が縁の切れ目になるのです。

上司と部下の関係も似たようなものです。あまり頻繁に連絡を取ると嫌がられる恐れもあります。年が近い同僚であれば、老後も付き合いが継続できるかもしれません。

自分の人間関係が豊かなのかそうでないのか図るバロメーターとして、一緒にランチをしに行く人がいるかどうかがあります。

ランチ友達やお茶友達と言われて、何人の顔が思い浮かぶでしょうか？ 月一でお酒を飲みに行く人は除外してください。あくまでも仕事が休みの日、気軽にお昼を一緒に食べに行く友人です。男性はそんな人を探すのは、意外にハードルが高いのです。平日のランチタイムにホテルの中にあるレストランに行くと、40代以上の女性同士のお客さんの比率が、圧倒的に高いことに気が付くでしょう。

ポイント

貯蓄と同様に現役時代からコツコツと人間関係を構築した人が、豊かな老後を迎えられる

「第3の人間関係」のつくり方

家庭と仕事以外で友人を作るとなると、趣味のコミュニティが一番敷居が低いでしょう。

リタイアしてから、いきなりそういう会で仲間に入れてもらうのは、不可能ではありませんが、少し唐突な感じがするし、すでに人間関係ができあがっているので、打ち解けるまでに時間がかかるでしょう。

人間関係は一朝一夕にできるものではありません。ここでも現役の時から「時間」をかけて、人間関係を準備していくという原則が当てはまります。

現役の時から、趣味の同じ人たちが集まるコミュニティに顔を出して、うまく楽しむコツを学びましょう。

慣れてきて運営の仕方を学んだら、今度は自分でコミュニティを立ち上げて、主宰者となるのです。

コミュニティの参加者から主宰者になる

趣味のコミュニティを自分で立ち上げて主宰者になるのが、家族以外の人間関係を構築する上で、最も効果的なやり方だとおすすめします。たくさんの人数を集める必要はないのです。まずは4、5人から10人ぐらい集まれば上出来です。

主宰者と参加者とでは、充実度が全然違ってきます。また、コミュニティを主宰することによって、他のコミュニティの主宰者とも繋がりができてきます。少しずつ世界が大きく広がっていきます。

趣味のジャンルは自分が好きなことであれば、あるいは興味を抱いたことであれば、なんでもいいでしょう。自分が好きなことを通じて、賛同者を集めて、交流の場をつくっていくのですから、それほど難しいことではありません。

自分でコミュニティを持つことができれば、これは立派な資産だとみなせます。その気になれば、そこから収益を上げることもできるし、たとえボランティアでやってお金を生み出さなくても、楽しさとか人間関係を生み出しているのだから、立派な資産と言えるのです。

だからこそ、**金融資産と同じように、現役の時から時間をかけて「第3の人間関係」を育てる必要がある**のです。まずは参加して慣れて、コミュニティの中でなじんで、自分でコミュニティを立ち上げて、2年、3年と時間をかけて育てていく感覚が必要です。

毎月、積立投資をするように、コミュニティの仲間との絆を深めていくのです。金融資産では現役時代が形成期で、リタイア時から運用期がはじまると述べましたが、同じように、人間関係という資産も、リタイア時には形成が終わっているぐらいでちょうどいいのです。

読書会はハードルが低いけれど奥が深い

今は趣味も多様化しているので、相当変わった趣味で、世界中でこんなことに興味を持っている人が自分以外にいるのだろうかというぐらいの趣味であっても、ＳＮＳなどで集めれば、あっという間に同じ趣味を持った人たちが集まります。

こだわりが強ければ強いほど、コミュニティは濃いものになりますし面白い展開になります。元々興味を持っていなかった人でも、そんな集まりがあるんだという情報を知ると、ちょっと話を聞いてみたいとやってきます。

ＳＮＳの中でも、フェイスブックなど実名を出しているものの方が安心感があるので、同じ趣味をもつ仲間の募集には向いているでしょう。ツイッターなどの匿名のＳＮＳはその辺が難しいでしょう。

コミュニティの中でも私がお薦めするのは「読書会」です。あなたがあくまでも本好きであればという条件付きですが、簡単な割にはぐっと関係性が深まります。

読書会にも二通りあって、課題図書を指定する会と、お勧め本を持ち寄る会です。課題図書の場合は、今月の本を決めて、あらかじめ読んできてもらって、自分が気づきを得た箇所や感想を述べ合うというものです。お勧め本を紹介する会の方がハードルは低いでしょう。自分が持ってきた本を一人〇分と決められた時間で紹介し、それを全員がやるという方式です。

本の世界も、ビジネス書や文芸書やノンフィクションや海外作品や、まんが、雑誌など相当広くて深いので、自分に合った会を探して、まずは参加してみてはいかがでしょうか？

ポイント

まず趣味の会から始めてみよう。居心地のいい場所がきっとあるはず。なかったら自分で立ち上げよう

「第3の人間関係」があれば、独身でいても怖くない

「結婚したほうが幸せである」とか、あるいは「結婚した方が経済的にメリットがある」などと言われますが、私は本人の勝手だから、どちらでも構わないと考えています。むしろ、自分で選択した人生において、目いっぱい幸せになればいいのだと思います。

昔は、結婚しないで家族を持たないことは、後ろ指を指される行為でした。結婚して家族を持つということが、一人前の大人として認められる世の中であったからです。

結婚して子供を持ち家族を構えることで、共同体から一人前として認知され、その一員として過ごすことができました。そうしない人は、肩身の狭い思いをして生きなければならない時代があったのです。

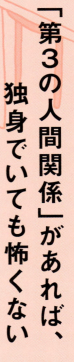

一生独身でいよう、結婚や家庭という煩わしい枷《かせ》に捉えられたくない、そう考える人にとって、現在はとても住みやすい世の中になってきました。

実際のところ、50歳まで一度も結婚をしたことがない人の割合を示す「生涯未婚率」は、男性で23・37％、女性で14・06％にのぼったことがわかりました（２０１５年の国勢調査）。１９６５年に男女ともに３％以下、１９９０年に男女ともに６％以下だったことを考えると、未婚率の急上昇ぶりがうかがえます。男性のおよそ４人に１人、女性のおよそ7人に１人が生涯未婚で、まさに「結婚離れ」が進んでいると言えます。

一人の方がよっぽど幸せ…かもしれない

それでもたまに、独身でいると、「年を取ったらどうするの？　不安じゃない？」といらぬお世話を言ってくる人たちがいます。

私はそんなとき、「人間、死ぬときは一人だよ。どんなに仲のいいおしどり夫婦でも、どちらかが先に死んで、どちらかは必ず一人で取り残される。だったら一緒なのでは」と言い返します。

独居老人が社会問題として取り上げられますが、先に挙げたようなランチを一緒に食べてくれる友人がいるのであれば、むしろ価値観の合わないパートナーやわがままな子供と一緒にいるよりは、一人の方がよっぽど幸せだとは思いませんか。

経済的に不安がなく、かつ「第3の人間関係」を持っていたら、誰にも気兼ねすることなく老後を自分の好きなように生きる幸せが待っているのです。怖がることはありません。だからこそ、お金と友人は大切に、ということでしょう。

「結婚しない」と「結婚できない」は違う

未婚で老後を迎える人でも、自身で生涯独身を決意して未婚の人と、結婚を切望したけれどもできなかった未婚の人とでは、老後の生活は大きく違ってきます。

「結婚できない」で老後に突入した人は、かなり厳しい老後が待ち受けています。結婚を希望していたけれどもできなかったというのは、原因として経済的に結婚するには不安定であるか、コミュニケーション能力に難点があるかのどちらかが考えられます。

仕事をリタイアすることで、これらのマイナス面は解決するどころか増幅される可能性が高く、孤老生活につながる恐れがあるからです。異性との人間関係を構築するのが苦手な人は、同性との関係も含めた人付き合い自体が苦手なことが多く、一人だけの狭い世界に閉じこもりがちです。

一方、結婚できる環境にありながらシングルを選択した人は、一見、独身という立場では同じように見えますが、内実はまったく違います。お金に余裕があり、人付き合いも苦手ではないために、むしろ、家庭に縛られない分、幸せな老後生活を送ることが可能です。

自分であえて結婚しないことを選んでいる人は、一緒に食事に行ったり、遊びに行ったりする人を、外部に求めてそれが得られる人です。つまりコミュニケーション能力が高く、人間関係がうまく構築できるのです。そこが、結婚できない人との大きな違いです。

結婚しないからさびしい老後が待っていると考えるのは間違いです。**独身であっても、コミュニケーション能力が高く、現役の時から人間関係を構築できている人は、けっしてさびしい老後を送ることにはならない**でしょう。

結婚式には呼ばれても行かない

「第3の人間関係」は現役の時から準備しますが、かといって無理に人付き合いに精を出せという話ではありません。

私は、冠婚葬祭のつきあいについては、お葬式などのお別れの会は必ず出席しますが、それ以外の結婚式や披露宴などには、呼ばれても行きません。海外出張があるとか、地方での仕事が入っているとかの理由をつけて断ることにしています。

なぜ行かないのかといえば、親戚や知り合いが多くいて、いちいち全ての結婚式に付き合うのが大変だからです。若い人で、今月は結婚式が重なってご祝儀貧乏だと嘆いている人を見かけますが、断ればいいだけの話です。あるいは行くにしても、本当に親しい友人に限ればいいのです。

私は、これまでに結婚式や披露宴への参加を断ったことで、仕事をする上で不都合が出たり、人間関係が悪くなったことは1度もありません。そのような事で関係が悪くなるくらいなら、その相手とはその程度の縁だったという事です。

ポイント

老後に独身でいることを怖がることはない。そのためにもお金と友人は大事

第3話

寝たきり老人にならない「健康」の話

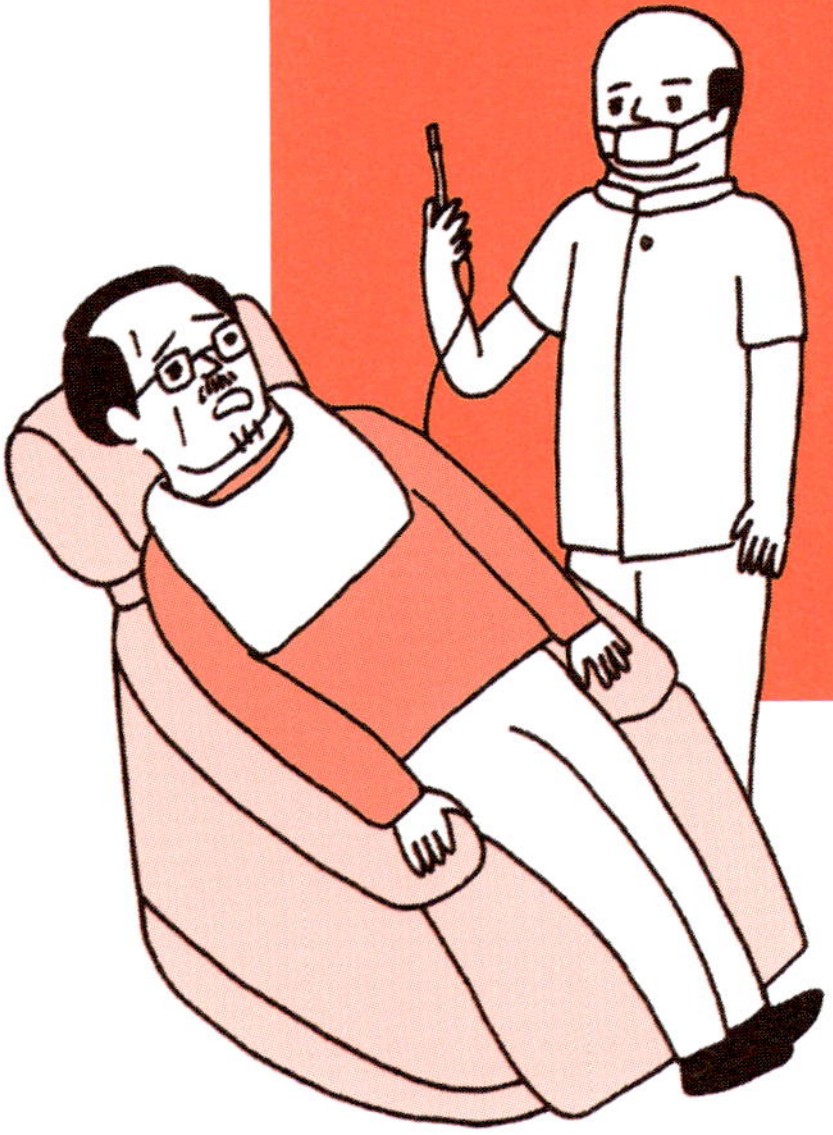

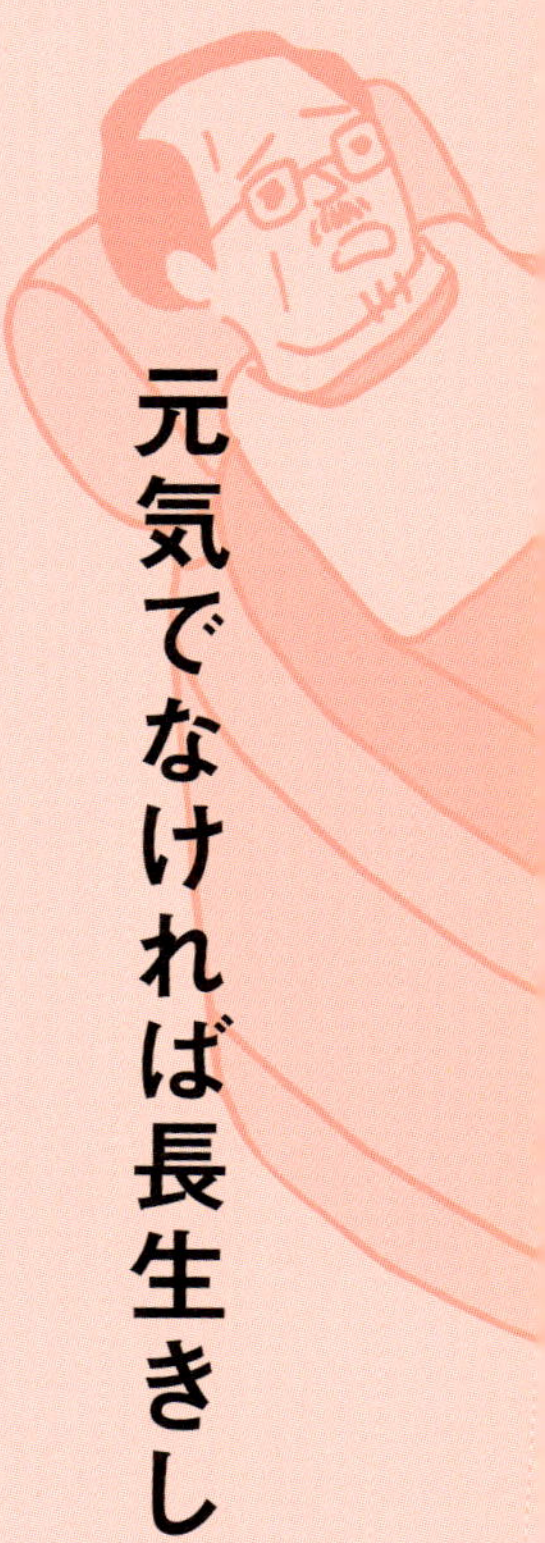

元気でなければ長生きしても仕方ない

あなたは、自分が65歳になったとき、75歳になったとき、どういう生活を送っていたいでしょうか。

病気がちで生気がなく、一日のほとんどを病院通いに費やす…なんてことには、誰しもなりたくないはず。では、そのために、今やらなければならないことはなんでしょうか。

将来のために〝今〟取り組んでいる人だけが、思い描く未来を手に入れることができるのです。それは、お金然り、人間関係然り、健康然りです。しかし、多くの人は時間が過ぎ去ってから「あの時やっておけばよかった」と後悔するのです。

健康寿命と不健康寿命

日本は世界でも屈指の長寿国です。２０１４年の数字ですが、男性の平均寿命は80・5歳、女性が86・8歳で、この数字はこの先も伸びていくと考えられています。現35歳の男性の平均余命は45・5年、女性なら51・8年になります。寿命が延びるということは、それだけ老後も延びるわけです。

皆さんは健康寿命という言葉を聞いたことがありますか。健康寿命は「健康上の問題で日常生活が制限されることなく生活できる期間」と定義されています。

男性で70・42歳、女性で73・62歳となっており、平均寿命との差は、男性で9・13年、女性で12・68年で、この期間が「健康ではない期間」となり、この期間を「不健康寿命」と呼ぶ人もいます。

いかにして、健康寿命をより長く、不健康寿命をより短くするかが、老後をハッピーに暮らすポイントになります。

平均寿命と健康寿命の差

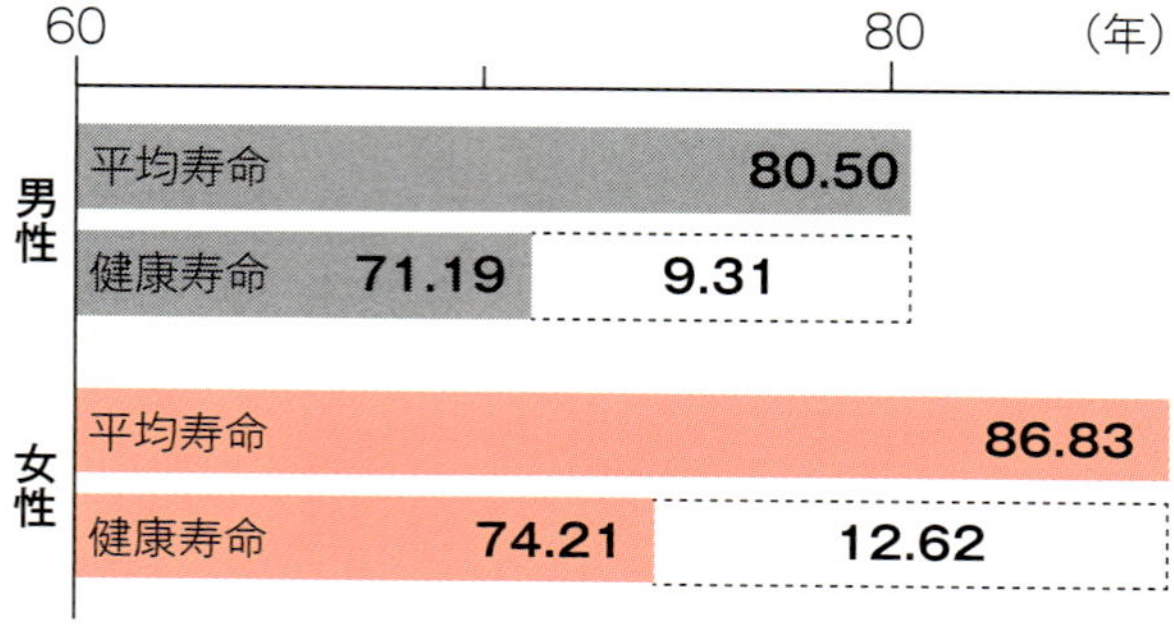

厚生労働省「平成26年簡易生命表」「健康日本21(第2次)推進専門委員会(平成26年)より作成」

母方の祖父は、最高の最期を迎えました。お正月にみんな集まった時には元気そうだったのに、次の週にぽっくり息を引き取ってしまったからです。

「あれ、先週お年玉をもらったばっかりなのに…」と思いました。もちろん、急なことだったので、家族はショックを受けて悲しみましたが、よくよく考えると、若死にでもありませんでしたし、病院に通ったり入院したりして長患いするよりは、よほど幸せだったのではないかと思い直しました。健康寿命をまっとうしてあの世に旅立ったのです。

健康でいるとお金もかからない

健康ではない期間は、介護が必要となり、介護費用が生活費とは別に発生します。生命保険文化センターの調査によれば、一時費用（自宅の改装や介護用品の購入）に要した平均が91万円、毎月の介護負担が平均で7・7万円です。介護期間を10年前後と考えると800万円から1000万円が必要となる計算です。

また、認知症に対する備えも忘れてはなりません。いまや65歳以上の高齢者の7人に1人が認知症患者であり、今後も増え続けると言われています。

健康寿命が早く来てしまうと、リタイアして、すぐに療養生活・介護生活がはじまって、それが死ぬまで続き、とても豊かな老後など望めません。せっかく、引退後の生活を謳歌しようと思って貯めたお金も、医療費や介護費で使い果たしてしまうことになりかねません。

健康な老後を送るためには、現役の時から健康的な生活を意識していなければなりません。「リタイアしました、健康的な生活を始めます」ではもう手遅れなのです。

ここでも、1章の資産形成と同じように、現役時代には、健康をコツコツと貯蓄するイメージで老後に備えたいものです。そして老後は、貯蓄したお金を運用するように、健康な生活で活き活きと暮らしてください。

ポイント

リタイアしてからでは遅い。現役時代から健康をコツコツと貯蓄する

健康はお金で買えますか?

お金の貯金と健康の貯金は同じです。例えば、65歳になって貯金を始めようと思っても、そもそも原資が入ってこないわけなので、それは無理というものです。

同じように、リタイアしてから健康的な生活を始めようと思っても、その時点で身体のパフォーマンスが低下していたら、元に戻すだけでも一苦労です。イメージとしては、借金を返済しているのと同じなのです。

老後になってからでは、いくらお金を出しても健康を買うことはできません。

病気になって治療にお金を費やすよりも、病気にならないように、現役時代に予防にお金を費やすほうが、投資的な観点からもよほど効果的だと言えるのです。

老後になってからでは「健康はお金では買えない」

私は以前、乱れた生活から体重が90キロオーバーになってしまい、一念発起してジムに通い、元々の体重だった60キロにまで落とすことができました。

詳細は拙著『なぜ賢いお金持ちに「デブ」はいないのか?』という本を読んでいただきたいのですが、その時にジムに払い続けたお金は、けっして無駄ではありませんでした。

現在はジムに通うこともなく、60キロをキープできているからです。むしろ、健康を取り戻すための投資と考えていましたし、その投資によって、いろんなものを手に入れることができたからです。年を取ってからでは「健康はお金では買えない」が、若いときには、健康に投資することは無駄ではないのです。

賢いお金持ちにデブはいない

前にも書いた通り、私は生活の乱れが災いして、20代にして90キロオーバーのデブとなり、おまけに借金も500万円抱えていました。

このままではいかんと思い、ギャンブルもタバコもやめ、毎日が外食だった食生活も改め、食費も食べる量も劇的に減らしました。

浪費をやめてシンプルな食生活を続けるうちに、大きな変化があらわれました。お金が貯まるようになったことと、体重が落ちていったことです。

そこで気が付いたのが**「自己管理ができるようになると、お金が貯まる」という原則**です。2年後には500万円の借金を全額返済し、少しずつ貯金を増やしていきました。

私の体験は、体重と資産額は見事なまでに反比例することを実証しました。体重が落ちるにしたがって資産額が増えていったのです。

これは単なる偶然でもなければ、私にだけ当てはまる特殊な例でもありません。

なぜなら、**「自分自身すら管理できない人間が、資産や仕事をコントロールできるわけがない」**からです。それが、3000人を超えるミリオネアを見てきた私が導き出した真実です。

経済と食生活はリンクしています。自己管理がうまくできて、健康に老後を迎えられる人は、お金もしっかり貯まっているはずです。逆に、今現在、自己管理がうまくできていなくて肥満に悩んでいるようだと、老後を迎えた時には、お金にも健康にも窮している可能性が高いと言えるでしょう。

ポイント

自己管理ができる人間にこそ、明るい老後がやってくる

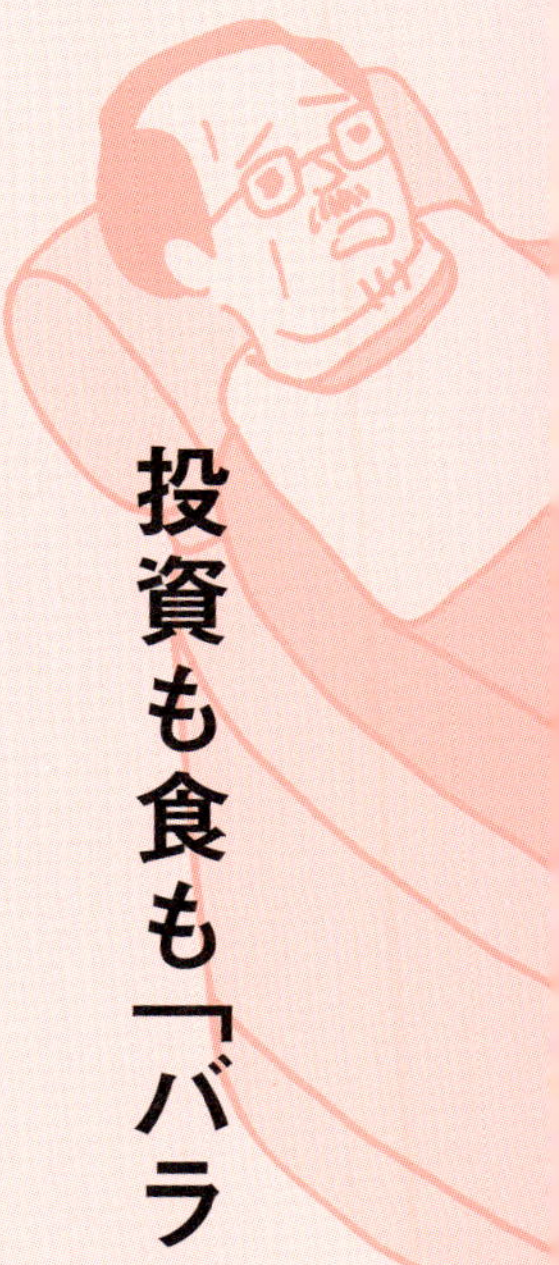

投資も食も「バランスよく」が一番いい

私は、日頃から食べるものには気を使っていますが、それほど神経質になるわけではありません。「健康的な食事」を「美味しく食べる」を基本にしています。いくら健康的な料理と言われても、美味しくなければ長続きしないからです。

食は、1章で取り上げた投資の基本と一緒だと思います。インデックスファンドを購入する際の原則として、「日本株、日本の債券、外国株、外国の債券の4つをバランスよく配されたファンドを選べ」と書きましたが、肉や魚や野菜をバランスよく食べるのがポイントです。どんぶり飯よりはいろんなおかずが乗っている定食がおすすめです。

食べるシチュエーションも大切

食事は、何を食べるかもさることながら、どう食べるかというシチュエーションも肝心です。

どんなに健康的な食事でも、「孤食」が続くと、健康寿命が短くなる気がします。**3度の食事のうち、せめて1回は、誰かと共に食事をする**ように心がけましょう。

どうしても一緒に食べる人がいなければ、どこかの定食屋さんに入って、周りに人がいる中で食べるだけでも違ってくるでしょう。

私は大戸屋が好きでよく一人で行くのですが、行きつけになればお店の人と会話が生まれます。

孤食が健康に良くないのは、自分一人だけだと思うと、食べたいものだけ食べてしまいがちですし、簡単などんぶりものやコンビニ弁当などのインスタント的な食事になりがちだからです。

一緒に食べる人がいれば、「サラダはどうする？　スープも作ろうか」となるのですが、一人だとそういう工夫をする気が失せてしまうのです。

健康的な食生活は、食事そのものだけで成立するわけではありません。テーブルを一緒に囲むことのできる友人を持つことができれば、健康の面でも人間関係の面でも、老後に向けて心強いのです。

ポイント

バランスよく食べる。誰かと一緒に食べる

よい生活習慣を意識する

「いまの身体は、過去に食べたもので出来ている」という言葉を聞いたことがあるでしょう。日々食べている食事で未来のあなたは作られます。

老後は遠い未来に思えるかもしれませんが、確実に今日の延長線上にあることを忘れてはなりません。毎月毎月の積立投資で資産が形成されるように、どんな食べ物をどれだけ食べるかによって、デブにもなるし健康体にもなるのです。

突然デブになる人はいないし、突然金持ちになる人もいません。そこには必ずプロセスが存在します。

私が体重90キロのデブから60キロまで落とすには、およそ2年間かかりました。ある日突然痩せたわけはなく、日々の食習慣がそれを可能にしたのです。

私が自分に課した生活習慣

私が自分に課した生活習慣や食べることに関する原則は以下の通りでした。

・自分の体重を把握する（現実を直視する）
・一日の食べる量とカロリーを意識する（食生活を把握する）
・お金のノートをつける（無駄遣いを把握する）
・体が欲するものを適量食べる（腹8分目）
・食べるもの・食べないものの基準を明確にする（食欲や周りの状況に流されない）
・安いという理由で食を選ばない（量より質）
・ファストフードより自炊（確実にカロリーを落とせる）
・朝食は絶対に抜かない（体にスイッチを入れる）

・毎朝6時に朝食をとる（決まった時間に食べる）
・20時を過ぎたら食事をとらない（翌朝の快適な目覚めにつながる）
・行きつけのお店を7店もつ（バランスよく食事する）
・2次会には参加しない（百害あって一利なし）
・冷蔵庫の食材を腐らせない（冷蔵庫の中身を把握する）
・間食は決まった時間に決まった量にする（ながら間食はしない）

これらを実践することで、肥満から脱出し、健康な体を手に入れることができました。大事なのは、結果として体重が60キロになったことではなく、そこに至るプロセスです。

私がこのプロセスで手に入れたのは、「健康によい生活習慣」で、これは一生モノの価値があるのです。

ポイント

日々実践するよい生活習慣だけが、健康な老後を作る

DMMオンラインサロン

これまで**35冊**を刊行、**累計80万部**を超える「お金本のベストセラー作家」**田口智隆**が、自らの経験から編み出した、お金のリテラシーを高めるための最強ノウハウを提供。今はお金の知識ゼロでも大丈夫。あなたを**経済的自由人**へと導きます！

こんな方におススメです！

- お金について、しっかり学びたい人
- お金の不安を解消したい人
- 今より金銭的余裕を持ちたい人
- 住宅ローン・保険を見直したい人
- ラットレースから抜け出したい人
- お金を貯めたい人
- お金の相談所を持ちたい人
- 毎月のお小遣いを増やしたい人
- FX・仮想通貨に疲れた人
- お金に働いてもらいたい人

など、お金に関する悩みがある人、知識を得たい人、すべてが対象です。

●SNSグループでの交流 ●月1回の勉強会&動画配信 ●懇親会など
オンライン・オフラインでのサービスが盛りだくさん！！

会費:月額 5,400円（税込）

申込・詳細はこちら→

https://lounge.dmm.com/detail/1044/

体の点検を怠らない

亡くなった父から、歯だけはしっかりケアしておけ、と言われて育ちました。歯がしっかりしていないと、食事も美味しくないし、咀嚼力もなくなるので、内臓に負担がかかります。自然界の生き物は食べる力を失った時に死を迎えます。人間とて自然の一部ですから、「噛む」能力は本当に大事にしなければならないのです。

一般には、歯医者さんというと、虫歯になった時にお世話になるものですが、私は、どこも悪くなくても、3カ月にいっぺんは、定期点検と歯石の除去に通っています。年を取るに従い、虫歯だけではなく、歯周病や歯槽膿漏にも気を付けなければならないからです。

がん検診や定期検診も1年にいっぺんは必ず受けています。そうやって、**自らの体を**

定期的に点検するのも、自己管理の一つで、老後に対する大切な準備の一つと言えるでしょう。

なにより、早めに異変を見つけることで対処がしやすくなりますし、自分の身体の癖というか傾向を知ることで、生活する上で気を付けなければならないことが自覚できるようになります。

かかりつけの医者を見つける

検査で痛い思いをするのは嫌だという方もいるでしょう。何を隠そう私もその一人です。痛い思いをするぐらいなら、検査なんか行きたくないという気持ちはわかります。

であれば、極力痛くない検査をしてくれる病院を探していけばいいだけの話です。少しぐらいの差額であれば、それは払う価値のあるものだと思います。

定期的に自分を点検するためには、**定点観測してくれる「かかりつけ医」を見つけて**

おくのもいいでしょう。

何かの時に相談できる専門医がいるというのは、安心ですし、その医者の専門外のことでも、知り合いの病院や医者を紹介してくれるので心強いのです。

かかりつけであれば、自分のカルテのバックデータがありますから、経年的な変化を見てもらうことができるし、薬の合う・合わないをアドバイスしてもらうこともできます。

同じ先生に診てもらうということは、体の変調（ビフォァ・アフター）に気づいてもらいやすいということです。これは、鍼灸の先生も同じことで、身体に触れるだけで、いつもと違うことに気が付いてもらえます。

ポイント

自分の身体を定期的にメンテナンスする意識を持つ

やりたいことはやっておく

現役時代の健康生活や病気にならない予防的な定期検診が、楽しい老後を迎えるために必要だと言いました。

しかし、どんなに気を付けていても、大病を患うことはあります。あるいは、早い年齢で認知症を発症するかもしれません。

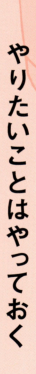

自分の力ではどうすることもできない状態になる可能性は、この世に生きているかぎり、ゼロではありません。

自分がそうなった時のことを考えると、そういう運命を粛々と受け止めざるを得ないだろうなと思っています。

ただし、その時になって、人生に悔いを残したままでいることには耐えられません。

だからこそ、**いつ、「余命3カ月です」と宣告されてもいいように、今を最大限充実させて生きるんだ**と言い聞かせています。

目の前にやりたいことがあるのなら、できるだけ早いうちに実現しようと努力します。別に生き急いでいるわけではありませんが、日々を全力で生きていれば、突然の運命も受け入れることができるような気がするからです。

もしもの時にうろたえないためには、経済的にも「負債」を残さないことです。住宅ローンは、団体信用生命保険に加入していれば、ローンが消えて自宅は家族のものとなりますが、それ以外の借金があると残された家族が迷惑ですし、本人も死にきれないでしょう。

医療保険は、貯蓄のない人が入るべき保険

医療保険は加入する必要があるでしょうか？

私は、貯蓄を継続していてある程度資産がある人は、必要ないと考えます。**医療保険に加入する必要があるのは、今現在、貯蓄がゼロで、入院したら明日から生活が立ちいかなくなる人**です。

具体的に言えば、私自身も、貯蓄がゼロの時に加入した医療保険を、貯蓄が１００万円を超えた時点ですべて解約しました。保険に入っていても病気になって支払われる保険金は１００万円程度だったので、その金額を超えた時点で、掛け捨てで支払っていた保険料を積立投資の方に回すようにしたのです。

毎月５０００円程度でしたが、そのお金は、掛け捨てではなく、将来につながる生きたお金に変わりました。

死亡保険金はどう考えたらいいでしょうか？

「一家の大黒柱が死んだら残された家族は困るでしょ」。それはその通りです。「お金はたくさんあるに越したことはないでしょ」。それも確かにその通りです。

しかし、そんなことを言い出したらきりがありません。もしものためと言いながら、どんどん高い保険料を支払う羽目になるでしょう。


死亡保険金は、残された家族が困らない額だけ設定すればよいのだと思います。

死亡保険金は、子供が学校を卒業するまでの生活費と学費分があれば十分です。（卒業するまでの年数×現在の生活費＋学費）を計算して、その金額に見合う保険金の保険に加入すればよいでしょう。


ですから、奥さんが専業主婦で子供が小さいときには比較的高額の保険に加入しなければなりませんが、奥さんが働いていたり、子供が独立してしまったなら、ごくごく少額（１０００万円程度）の保険金で構わないと思います。

ポイント

死は突然やってくるかもしれない。
だから今を精一杯生きる

第4話

家なき老人にならない「住まい」の話

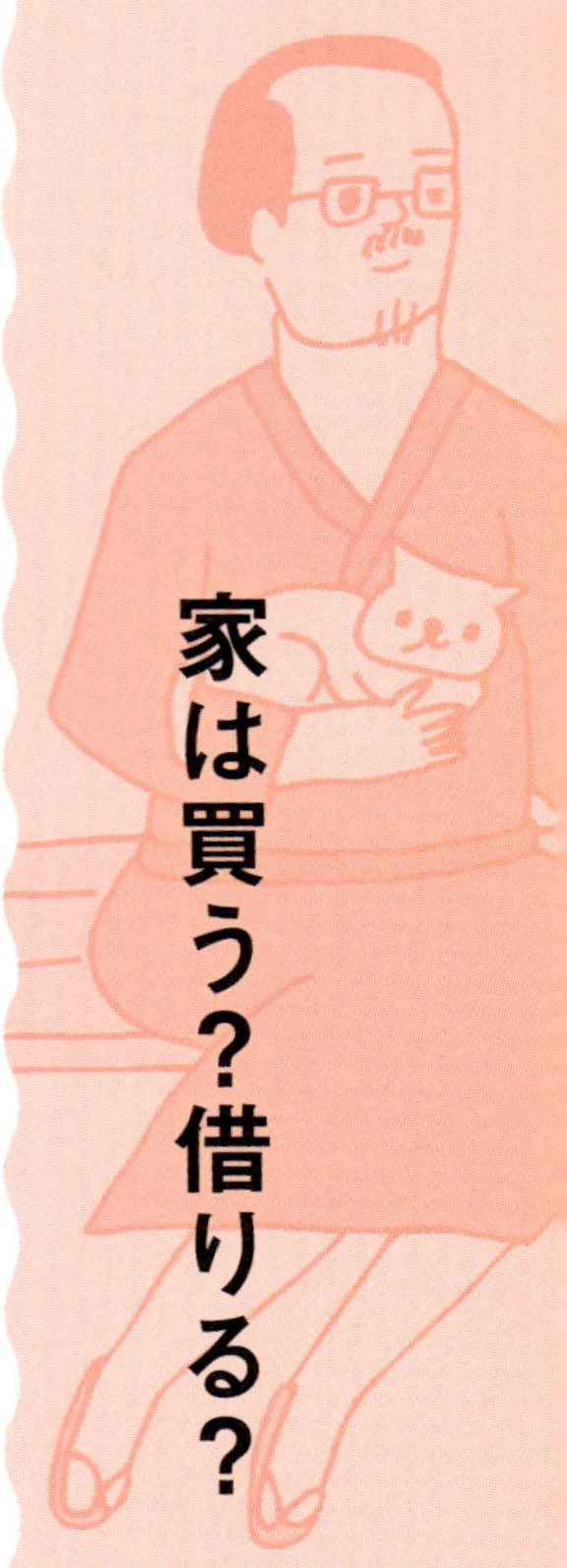

家は買う？借りる？　どっちが得？

自分の住まいは買った方が得か、借りて住んでいた方が得か？
常に雑誌などで取り上げられている、いつまでたっても永遠に結論の出ない議論です。

先に結論を申し上げるならば、損得で言ったら大差ないだろうということです。考えても見てください。こんな議論を高度成長時代からバブル期を経て現在まで、延々と繰り返しているのです。もし、明らかにどちらかが得でどちらかが損ならば、とっくに結論が出ているはずなのです。

自分が住む住まいに関しては、どちらが得か損かを比較するのは意味がありません。
だいたい、損得だけで住まいを決めている人などいないからです。自分の城を絶対に持ちたいと考えている人は、いくら買うのは損だと言われても買うでしょうし、年齢に合わせて借家を住み替えていきたいと考えている人は、いくら持ち家が得だと言っても、興味を示さないでしょう。

結局は、自分や家族がどう住みたいのか、そしてそのためには何をすればいいのかを決めればいいだけの話です。

ですから、1章で、老後の家計は100人いれば100通りあると言ったのと同じように、住まいに関しても、100人いれば100通りの答があります。正解はけっして一つではありません。

周囲の意見や業者の意見も大事でしょうが、あくまでも、自分や家族がどう住みたいのか、じっくり考えて、自分たちの正解を見つけてください。

持ち家と賃貸　メリット・デメリット

とはいえ、まだ家を買うか賃貸にするか迷っている人は、次の「持ち家と賃貸のメリット・デメリット」を参考にしてください。もうすでに決めている人は、読んでも参考にならないので読み飛ばして下さって結構です。

・持ち家のメリット

自分の資産になる（場合によっては負債になることもある）

子どもに資産として残すことができる

老後の住まいが保証される

経済状況によっては資産価値が上がるかもしれない

自分の思い通りの居住空間をつくることができる

・持ち家のデメリット

家計の状況が変化してもローンの負担は変わらない

簡単に引っ越しができない
経済状況によっては資産価値が下がるかもしれない
自然災害によるリスクを直接受けやすい
税金が毎年発生する

・賃貸のメリット
大きな借金（住宅ローン）を背負わなくていい
家族形態の変化に合わせて簡単に住み替えができる
家計の状況に合わせて住み替えることができる
自然災害のリスクを負う必要がない

・賃貸のデメリット
家賃を一生払い続けなければならない
自分の住みたい空間に住めない
高齢になると家を借りにくい

家賃を払い続けても資産が残らない

自宅を購入することのメリットは、自分の住みたい空間をつくれることと、老後の住宅に関する支出を抑えることができることの二つに尽きるでしょう。

ライフステージで考えると、教育費の負担が重くなる40代〜50代は、購入派も賃貸派も出費が一番嵩む時期で苦しいのは変わりありません。

しかし、60代を過ぎると、購入した人の方が余裕が出てきます。そのまま住み続けるのもよし、売却してコンパクトな住居を探すもよし、老人ホームに入るのもよしで、選択肢がいくつか出てきます。

賃貸派は、家計の状況や仕事の状況、家族形態の変化に合わせて住まいを変えることが容易なのがなんと言っても魅力です。持ち家を購入するのはリタイアした後と決めて、それまでは都会の賃貸マンションに住むという選択も可能です。

ポイント

持ち家か賃貸かは、損得勘定では大差がない。自分のライフスタイルで決めよう

私が賃貸を勧める理由

持ち家か賃貸かは、「損得よりも自分たちのライフスタイルで決める」と言いましたが、私はアドバイスを求められたら、「現役の間は賃貸がいいですよ」とお答えしています。なぜそうなのかご説明しましょう。

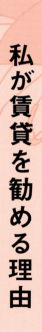

長期の住宅ローンを組んで家を購入するというのは、実は、私の親の時代の古いセオリーで、今の時代にはそぐわないと考えているからです。

住宅購入者の核である30代の方が住宅ローンを組むときには、貸し手の銀行は、収入が右肩上がりになることを前提にシミュレーションしますが、それは私からすると、ずいぶん危なっかしい計画に見えます。昔のように終身雇用で毎年ベースアップが確実にあればよいのですが、そんな時代ではありません。

昔の住宅すごろくは、年を重ねるごとに収入が上がり、それにつれて返済も増やしていき、リタイア時の退職金の一部で残債を返済するというのが、一般的でした。老後を迎えるにあたって、住宅ローンを払い終わっているというのがスタンダードだったのです。

ところが、経済状況が変化して、安定して収入が入るとか右肩上がりになるという前提が崩れてきているにもかかわらず、かつてと同じように住宅ローンを組むというのは、理に叶っていないと言わざるを得ません。

賃貸なら、状況に応じてフレキシブルに対応できる

賃貸のメリットは、状況の変化に応じてフレキシブルに対応できるということです。

昔ならいざ知らず、スタンダードな人生モデルが通用しない、親の時代がお手本にな

らない時代には、いかに変化に対応するかが重要になります。

変化の第一は家計です。いつなんどき、会社が潰れてもおかしくないし、あるいはリストラされるかもしれません。起業するチャンスが巡ってくるかもしれないし、フリーランスを選択する状況が来るかもしれません。

しかし、住宅ローンは組んでしまうと、収入が上がればまだしも、収入が下がったときには、対応するのが難しくなります。

賃貸ならば、収入に応じて安い家賃のところに引っ越すことが可能です。

転勤や転職で勤務地が変わるということも頭に入れておいた方がいいでしょう。その時には「売ればいいさ」と思うのでしょうが、よほどの好立地でない限り、いざという時に都合よく売れるものでもありません。

貸すにしても借り手がいなければただの空き家です。住んでいなくても、固定資産税だけは毎年払わされるのです。

賃貸であれば、勤務地に合わせて住む場所を簡単に変えることができます。明らかに賃貸の方がフレキシブルなのです。

家族形態も変化要因の一つです。家を購入するのは、だいたい家族が増える時です。子供が生まれて、広い家が欲しいということで、戸建てやファミリータイプのマンションを購入するのですが、子供が独立をして出て行ったあとはどうするのでしょうか？

ポイント

人生は変化の連続。どう転んでも賃貸なら対応できる

家を買うなら、リタイアした後でよい

資産形成期である現役時代は、賃貸の戸建てやマンションで十分です。とにかく便利さを優先させるべきです。そしてリタイアして、資産運用期になって、もう会社通勤とか子供たちの都合に合わせる必要がなくなったら、自分の好きなところに家を構えればいいのです。

私が理想とするのは、**現役時代は勤務地に近い賃貸物件に住んで、コツコツと資産を形成して、リタイアした後に、終の棲家となるような持ち家を購入するというやり方**です。

現役時代は変化に対応しつつ、最後に夢を叶えるという意味で、とても賢い選択だと思います。

将来を見据えれば、これからどんどん空き家が増えてきます。リタイア後は子供もいないから大きな家は必要ありません。中古物件ならば手頃な価格で選り取り見取りとなるでしょう。

リタイアして時間がたくさんあるわけですから、安く購入した家をＤＩＹで自分でリノベーションしても楽しいでしょう。

年をとったら家を借りるのは難しいのか？

賃貸のデメリットのところで、「高齢になると家を借りるのが難しくなる」と書きましたが、すべての人に当てはまるわけではないことを強調しておきます。

単純に「高齢者＝家を借りられない」というわけではありません。高齢者の中には、家を借りられる人と家を借りるのが難しい人の2種類がいるというのが、真実です。

老後になったら家を借りられないから、今のうちに家を買っておくというのは、実は対策としてはズレていて、正しくは、老後になっても家を借りられるように資産を形成しておくという方が、私はポジティブだと考えています。

ポイント

リタイア後に本当に住みたい家を購入しよう

住まいに関して、必要以上に悩まない

何年か前から空き家問題が取りざたされるようになりました。現在ですら、住居の数と世帯数を考えると、だれもが一軒家を持っていてもおかしくない比率にはなっているはずです。しかも少子化が進行しています。

つまり、日本においては、人口減少に伴って、住宅問題はほぼ解消されているとも言えるのです。問題は、住むほうのマインドです。

「新築でなくてはいけない」「絶対に23区内でなくてはならない」「戸建てでなくてはならない」という、狭い意識でいると、住宅は頭の痛い問題になってしまうのです。

「これでなくちゃいけない」という考えに取りつかれると、住むことに関して、余計なコストをかけすぎることになるし、思い通りにいかないことに対してストレスがたまります。

中古でもリフォームすれば自分らしい家を作ることは可能ですし、23区以外にも住みやすい場所はたくさんあります。**選択肢が広がれば、生活の自由度が高まる**のです。そのためには、「〇〇でなければいけない」というマインドを変える必要があります。

住まいにコストをかけすぎるのは馬鹿馬鹿しい

また、住むことに関して、家計を圧迫するほどのコストをかけるのは、賢くありません。少なくとも現役の時に家に一番お金をかけるのは馬鹿馬鹿しいことです。自宅で仕事をする人以外は、仕事中は家にいないのが普通だからです。

老後になれば別です。圧倒的に家にいる時間は増えてくるので、リタイアした後に、住みたい家を買うのは理に叶っているのです。

見回してみれば、親の家もあるし、空き家も増えているし、かつてのように長い住宅ローンを組んで、新築の戸建てを建てて、退職金で完済するという「住宅すごろく」のようなパターンを踏襲する必要もないことに早く気が付きましょう。

住宅にかけるお金が減れば、その分を教育資金や老後資金に回せるのです。

ポイント

「○○でなければいけない」というマインドは、生活の自由を奪う

それでも家を購入するのなら

どうしても家を購入したいと希望する人には、「買うなら中古物件でいかがですか」とアドバイスしています。

別に新築を否定しているのではなく、住宅ローンの支払い期間を短くするのが目的だからです。頭金がたくさんあって、新築でもローン支払い期間が短くできるのであれば、それに越したことはありません。

資産形成期にローンに縛られるのは、得策ではありません。特に長期のローンを組むことは、20年後、30年後の自分の仕事や生活がどうなっているのか見通せない以上、ハイリスクになる可能性があります。

金利も低いので、長く借りた方が表面上いいように思えますが、35年間、右肩上がりで順風満帆な人生を送る人は一握りです。何か予想しなかった事が起こった時に、住宅ローンとマイホームが足枷になる可能性があります。

不動産投資の観点で自宅購入を考える

もし家を購入するのであれば、次の二つを購入の基準におくべきです。

・売却したくなったときに、すぐに売れる家やマンションか
・貸し出した時に、借り手がつく物件か

つまり、何か仕事や生活に大きな変化があって、購入した家を手放したり、賃貸に出したりすることを想定しておくということです。

もしマンションであれば、住宅ローンに月々支払う額と同等かそれ以上の家賃が見込める物件でないと、引っ越した先の家賃とローンの返済でダブルの打撃になってしまいます。

家を購入するなら、不動産投資と同じような視点を持ちなさいということです。不動産には、「使用価値」と「市場価値」という2つの価値があります。これを覚えておいて、自宅を購入する際の判断基準としてください。すでに自宅を購入している人は、自分の家やマンションがこの2つの価値に照らし合わせてどんなレベルなのか知っておく必要があります。

「使用価値」と「市場価値」

「使用価値」とは、家やマンションを手に入れて使ったときの満足感の度合いを指します。買い手はこの満足感に対して金銭を払います。満足感は人によって違いますから、「マンションのほうがいい」という人もいるし、「戸建てのほうがいい」という人もいますから、どれがベストかというのは一概には言えません。

また、「中古と新築ではどちらが?」という話になったときにも、「前に知らない人が住んでいた家はイヤだ」と言う人もいれば、「まったく気にしない」という人もいます。いずれにしても、自分の住まいを考える場合には、使用価値という観点で満足度が高いことが重要です。

対して「市場価値」とは、不動産マーケットにおける主に価格での高低を指します。有効需要があればそこに価格が成立し、その価値が市場価値となります。どんなに機能やデザインが優れた物件でも、マーケットで評価されなければ(欲しい人がいなければ)取引が成立しないので、市場価値はゼロとなります。したがって、市場価値が高いものは概ね都市部の周辺物件に限られてしまうのが現状です。

単純に市場価値だけを見るならば、首都圏なら最寄駅から近いところがやはり優位になります。例えば、東京23区内で築10年の中古マンションを最寄り駅からの所要時間でどれだけリセールバリューがあるかを見てみると、徒歩3分以内では価格が分譲当初より上昇しています。徒歩10分以内でも上がっているところがありますが、15分以上の場合はほとんどが下落傾向となります。

家やマンションの構造も資産価値に大きく関わってきます。鉄骨よりもRCのマンションの方が市場価値は高いといえますし、ローコスト住宅よりもメジャーな住宅メーカーの戸建ての方が市場価値が高いのは言うまでもありません。

戸建てにせよマンションにせよ、一次取得の際に考えておいてほしいのは、市場価値についてです。いつか売る時期が来た時に、売りやすい土地やマンションであるかどうかです。これはエリア選択や立地によってずいぶん違ってきます。もちろん、売りやすい物件は相対的に高額であることが多いのですが、それは住みやすさともリンクしているので仕方がないと言えるでしょう。

逆に売りにくい場所とは比較的住みにくい場所でもあるので、年を取ってからでは暮らしにくく、かといって売るに売れないということにならないように、十分エリアについては考慮してください。

ポイント

自宅を購入するなら「売りやすい物件か？」「借り手がつく物件か？」をモノサシにする

戸建てとマンションはどちらがいいのか

自宅を購入するとして、戸建てとマンションのどちらがいいのでしょうか。
これはその人の住まいに対する考え方やライフスタイル、職業、住んでいる地域によって違ってくるので、一概にどちらがいいとは言えません。
迷っているようでしたら、以下の特徴から、自分にはどちらが向いているのか考えてみてください。

・戸建てのメリット
　土地も資産としてついてくる
　プライバシーが保てる
　好きなように建てられる

リフォーム、建て替えが自由にできる
庭や家庭菜園、ガレージなども持てる

・戸建てのデメリット
地価が高い地域では購入が難しい
セキュリティが不安である
修繕の費用を自分で用意しなければならない
固定資産税などが高い
売価時に建物部分は評価されない
売却に時間が掛かる

・マンションのメリット
都心や便利な場所でも購入が可能である
セキュリティがしっかりしている
修繕積立金などが計画的になされている

固定資産税が安い

売却に時間がかからない

・マンションのデメリット

近隣とのトラブルリスクがある

共用部分などの修繕美化は管理組合の同意が必要

みだりにリフォームができない

災害で半壊・全壊したときに建て直しが難しい

回りが空室になることで資産価値が落ちてしまう

マンションの方がいろんな変化にフレキシブルに対応できる

これだけ空き家が増えたのはなぜだろうと考えた時に、戸建ての利用のしにくさということに気が付きました。

まず老朽化です。マンションであれば、大規模修繕積立金を積み立てているので、何年かにいっぺんは大規模なメンテナスが行われますが、戸建ての場合は、老朽化しても手を入れていない家が多く、よほどの文化財級の古民家なら別ですが、これだったら更地にした方が早いよというボロ家がたくさん残ってしまっているのです。

マンションなら多少古くても修繕がしっかりしていれば、中をリフォームして売るなり貸すなりできますが、古い住宅は基礎からダメになっているケースも多く、相続した家族も別に家を構えている場合には、そうしたボロ家は放ったらかしになっているのです。

また、戸建ては、間取りなどに住む人のこだわりが大きく反映されるので、次に住む人がリフォームしにくいといった点も、空き家が増えている原因だと思います。

土地の価格が右肩上がりで上がる時代は終わりました。家余り時代には、戸建てを建てたからもう安心ではなく、逆に高齢になってから、金食い虫になったり、整理するにもできない悩みの種になりかねません。家を購入するなら、そうしたことも頭に入れておくべきでしょう。

ポイント

家は買ったら終わりではない。メンテナンスや死後のことまで考えておこう

第5話
枯葉老人にならない「働き方」の話

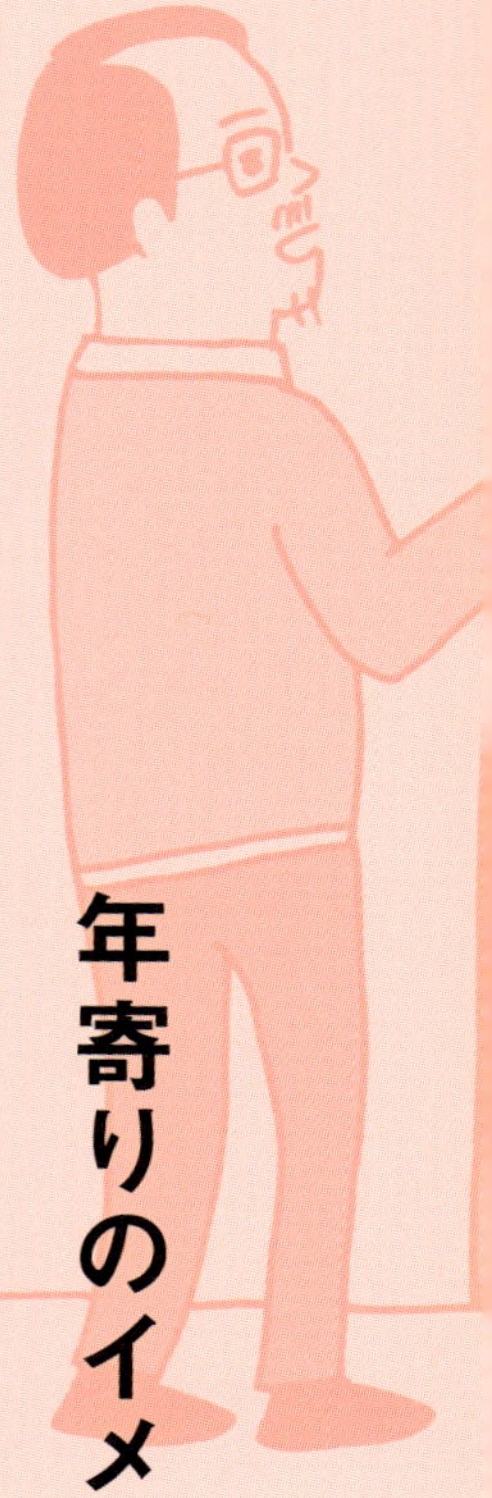

年寄りのイメージが変わった

自分たちが子供の頃に見ていたおじいちゃん・おばあちゃんは、縁側に座ってお茶を飲み、悠々自適で、趣味の畑や庭いじりなどをして暮らしていたものです。まさにご隠居のイメージです。

でもよくよく考えてみると、彼らはその当時、実はまだ60代前半で、それほど高齢というわけでもありませんでした。

かつての老後と今の老後で一番の違いは、老後の期間が長くなったことでしょう。かつては80歳まで生きれば長生きなどと言われていましたが、今は人生１００年時代と言われるように、どんどん老後生活の期間が長くなってきたのです。

老後が長くなったことで、相対的に60歳～75歳までの人達も、自分が老人だという意識が薄く、若くて活動的な人が増えてきたような気がします。いったん会社はリタイアしたけれども、まだまだ現役感が残っています。

「高齢者の日常生活に関する意識調査」という内閣府の調査では、「自分が高齢者だと思う人が過半数になるのは〝75歳以上〟」という結果が出ています。この調査では65歳の段階で、自分が高齢者だと思っている人は25％に留まっています。

75歳からが本当の高齢者である

現在、日本の法律では「高齢者」の定義は統一されていませんが、だいたい65歳が目安となっています。

例えば、健康保険制度では「前期高齢者」は65歳から75歳を指しますし、年金制度の支給開始年齢は、60歳から65歳への移行が行われつつあります。

労働関係では、「生産年齢人口」は15歳から65歳未満となっており、65歳以上は生産年齢人口から外れています。

これは世界的に見ても同じようで、国連の世界保健機関（ＷＨＯ）の定義では、65歳以上の人のことを高齢者としており、65歳から74歳までを前期高齢者、75歳以上を後期高齢者と呼びます。

これに対して、現状とマッチしていないと声を上げたのが、日本老年学会と日本老年医学会で、２０１７年に連名で、「高齢者に関する定義」についての提言を行いました。

提言の主旨は、「現在、65歳以上であることが多い高齢者の定義が現状に合わなくなってきているので、75歳以上にしよう」というものです。

「65歳以上を高齢者としている定義には、医学的・生物学的に明確な根拠はありません。わが国においては、近年、個人差はあるものの、この高齢者の定義が現状に合わない状況が生じています。

近年の高齢者の心身の健康に関する種々のデータを検討した結果、現在の高齢者においては10〜20年前と比較して加齢に伴う身体的機能変化の出現が5〜10年遅延しており、「若返り」現象がみられています。

これらを踏まえ、本ワーキンググループとしては、65歳以上の人を以下のように区分することを提言したいと思います。

65〜74歳　准高齢者　准高齢期　(pre-old)
75〜89歳　高齢者　高齢期　(old)
90歳〜　超高齢者　超高齢期　(oldest-old, super-old)」

(「高齢者の定義と区分に関する提言」より)

確かに、これだけ高齢化が進むと、60代はまだ高齢者ではないと言いたくなるのは、実感としてわかります。

こういう提言が出てきたこと自体、会社をリタイアしたとしても75歳までは現役でいてください、という社会からのメッセージだと受け止めなくてはならないでしょう。

ポイント

リタイアしたから、60歳になったから高齢者の仲間入りをするわけではない

リタイアした後も収入を確保する

かつては、55歳が定年の年齢でしたが、いまは多くの会社が60歳定年で、定年を延長して65歳まで働けるようにしています。それに合わせて、年金の支給も65歳からとなっています。

一方、提言でも言及されているように、実際には65歳を過ぎても、まだバリバリの現役で働ける人は増えています。

65歳以降も働くことによって、社会との接点を保ち、またその社会貢献が充実感につながり、若さも保たれるという好循環になります。

なにより、年金以外に老後の収入があることの安心感は大きいでしょう。現役時代の半分以下の収入だったとしても、使えるお金も増えてきますし、年金と貯金もなるべく使わないで後ろに回せるからです。

また、収入があることで年金の支給を75歳ぐらいまで遅らせることができれば、年金の支給額もかなり増やすことができます。

65歳から先は、子供も独立しているし、住居もダウンサイジングしてお金がかからなくなっているはずなので、収入が半分になったとしても、年金と合わせて十分やっていける計算が成り立ちます。

65歳から75歳まで、どうやって収入を確保するか?

高齢者だからといって、仕事にありつけないわけではありません。むしろ、人手不足が深刻化してきますので、そのあたりは心配いらないでしょう。

自分がやりたい仕事で、かつ見合った収入が得られるかどうかがポイントになってきます。

65歳で会社をリタイアして、その後10年間を働いて収入を得るとして、どんな働き方が考えられるでしょうか。

①それまで勤めていた会社に、引き続き嘱託のような形で置いてもらう

昔はこういう形が存在していましたが、今はかなりレアなケースではないでしょうか。

②就職活動をして、新しい会社を探す

これからシルバー人材市場がどうなるかわかりませんが、老後の就活も一般的になるかもしれません。これも、これまでの経験を活かした職に就くものと、これまでとはまったく違った職に就くものの二種類に分けられるでしょう。アルバイ

トもここに入るでしょう。

③それまでの職業の経験や知識、資格を活かして起業する

いわばシルバー起業です。とはいえ、大掛かりな設備投資や事務所の賃貸、融資の借り入れなどはできませんし、やらない方が無難ですので、資格を活かした「士業」的な仕事や「コンサルタント」的な仕事、人と人をつなぐ「ファシリテーター」的な仕事が向いているでしょう。

④仕事と並行してやってきた趣味の世界を広げて、ビジネスとして立ち上げる

これは、二章でも取り上げたコミュニティを立ち上げて主宰者となって、参加者を集める延長線上に位置するビジネスと考えていいでしょう。何かを教えて受講料をいただくという形が多いと思います。

⑤行政などのシルバー人材制度などを活用する

町の整備などが主な仕事になります。

サラリーマンを卒業して自営で稼ぐ

私が理想と考えているのは、③と④を並行して、あるいは融合してやっていく方法です。リタイアした後も、誰かの指示で働くというのは気持ちのいいものではありません。

また、どうせやるなら、未経験のことよりも、得意なこと・好きなことで収入を得られるほうが、断然張合いも出ます。

もし、現役時代の50％の収入を目標とするならば、どこかに雇われてそれを実現するのは至難の業です。それまで手取り40万円をもらっていた人が、雇われて20万円稼ぐのは容易なことではありません。

時給1000円のアルバイトを1日8時間×20日間やっても、16万円にしかなりません。いかに正社員時代が恵まれていたかが実感できるでしょう。

それならば、リタイアを機にサラリーマンを卒業して自営として再スタートした方が稼げる確率は高まるでしょう。高付加価値のオリジナルなサービスを、少人数に特化して提供するというビジネスモデルができればいいのです。

ポイント

リタイア後に稼ごうと思ったら、
雇われるよりも自営がいい

65歳以降の収入は、現役時の準備で決まる

65歳以降の収入確保の準備を、65歳になってからスタートするのは遅すぎます。今から本業（会社勤め）と並行してスタートして、65歳以降もそのまま続ければいいのです。そして本業をリタイアしたなら、それに本腰を入れて注力するのです。

今は、副業を認める会社も多くなってきました。資格や専門的な知識があるのなら、それを活かした副業をはじめてもいいのです。

ただし、時間が限られるので、そんなに稼ぐことはできないでしょう。しかし、ボランティアであっても、ネットワークや人脈を広げておけば、後々必ず活きてきます。

趣味の世界であれば、コミュニティの主宰者となって、参加者を集めて、休みの日に活動の場を広げておきましょう。

ここでも、最初から多くのお金を得ることは難しいでしょうが、ネットワークを広げておけば、本格的に活動を始めた時に、集客の助けになります。

また、その間に試行錯誤を重ねておけば、どうすれば人（お客さん）からお金を得ることができるのか、そのポイントを習得できます。

サービスを提供したら対価をいただくことを練習しておく

リタイアして急に看板を掲げても、たいていうまくいきません。うまくいかない理由は、人を集めるのが大変なことと、お金をとる術を知らないからです。

現役時代に全ての人が、直接お客さんを集めたり、直接お客さんからお金をいただくということをしているわけではありません。会社が集めたお客さんと接し、会社にいったん入った売上げから給料をもらっているのです。

集客と集金のハードルを、現役時代にクリアしておけば、鬼に金棒です。現役の時から、何かサービスを提供したときには、対価をいただくということを意識的に実行してください。

リタイア後の収入の確保は、現役時代から練習しておかなければうまくいかない、と覚悟しておいてください。

リタイア後に起業するなら、お金をかけてはいけない

リタイア後の起業で気を付けて欲しいのは、あまり多くのお金をかけないということです。

よく、テレビなどで早期退職された方が、喫茶店を開いたり、ペンションを経営した

り、モノづくりをはじめて成功した例を取り上げていますが、馬力のある50代ぐらいにスタートするケースが多いようです。もちろん、成功者の裏には、その何倍もの失敗者がいることを忘れてはならないでしょう。

それ相当のお金を投資して始めるビジネスは、65歳以降にはリスクが大きすぎるのでお勧めできません。失敗してもリカバリーができないからです。

リタイアした後の起業としては、初期投資の少ないやり方を徹底して考えることです。

お蕎麦屋さんや手打ち蕎麦の教室を開く方も多くいますが、店舗を借りれば、家賃が発生しますし、改装費もばかになりません。

自宅を少し改装して始めるのであれば、初期投資も少なくて済みます。同じように、コンサルタント業でも、事務所を借りる必要はありません。自宅の書斎で十分でしょう。

形から入る人は、「いい場所にお店を出さなければならない」とか、「都心にオフィスを構えなければならない」と考えがちです。そうした「○○しなければならない」というマインドから脱することが、リタイア起業で成功するポイントなのです。

ポイント

老後の失敗はリカバリーが効かない。老後の借金はもってのほか

働いている間はお金を使わない

今やっている仕事は、とても老後には活かせないという人もいます。また、リタイアしたら、今までやってきた仕事とはまったく無関係な仕事をやりたいという方もいるでしょう。例えば、リタイアしたら介護の世界に携わりたいとか、農業をやってみたいと思う人もいます。

そうした場合にも、リタイアしていきなりその世界に飛び込むのではなくて、ボランティアでもいいから、その世界に入ってみて空気を吸うことが大事です。

いきなり新しいことを始めるのはエネルギーがいることです。いままで経験してこなかった職業に就くのなら、現役の時から慣らし期間を設けておきましょう。

休日だけだとしても、仮に10年間、介護施設や農業に継続して関わっていれば、立派な経験者になりますし、人的なネットワークも構築できているでしょう。

自分のやりたい仕事でなかったり、給料が安かったりすると、働かない方がましだという人もいますが、はたしてそうでしょうか?

お金が有り余って、遊ぶのに忙しいという人なら別ですが、私は、何かしら働くなりボランティアした方がよいと考えます。なぜなら、働いている間、もしくはボランティアをしている間は、お金を使わずに済むからです。

時間つぶしにもお金はかかります。ならば、その間働いていれば少なくともお金は使わない上にお金も稼げるのです。

また、働くことで社会とつながることもできます。毎日働く必要はありません。週に二日でも三日でも働いて、現役でいる時間を少しでも延ばすことが大切です。

働く自由、働かない自由を確保する

高齢になってから雇ってもらうというのでも、二通りあります。

最近、駅の立ち食いそば屋さんで、70代の店員さんをよく見かけるようになったのですが、これが、年金も貯蓄もあるけれど、家でごろごろしていてもしょうがないし、同僚やお客さんと接するのが楽しいから働いている人と、年金ももらえなくて、そこでのアルバイト代が生活するためのすべての収入である人とでは、気持ちがまったく違ってくるでしょう。

理想的なのは、働かなくても大丈夫なように資産を形成しておいて、働きたければ働くし、そうでなければ働かないという選択の自由を確保しておくことです。

身体の調子が悪くなる時や、意に染まない仕事を命じられることがあるかもしれません。その時に、仕事にしがみつく必要がなければ、気が楽なのです。

自営でもそうです。どうしてもお客さんをつかまえないと今月は苦しい、という状態よりも、お客さんが来たらラッキー、来なくても全然かまわないという状態にしておくべきです。

リタイアの時点で、「どうしても働かねばならない」状態にならないようにすることが、現役時代の資産形成の目的なのです。

知ることから始める

老後について不安を抱えている割には、若い人は老人の気持ちを知ろうとしません。あるいは老後の経済状況や労働の実態なども、ニュースではふれるかもしれませんが、リアルに高齢者本人の言葉を聞くということはほとんどありません。

現役時代にいるあなたがなすべきことは、いまの高齢者がどんな生活を送っているのか、満足度はどうなのか、どんな働き方をしているのか、まず本人の口から聞くことです。

親がいるなら親に聞けばいいし、リタイアしてしまった先輩でもいいでしょう。失礼のないように聞けば、悩みや楽しみについて、親切に教えてくれるはずです。

リタイア後にこんな働き方をしたいと思ったなら、その現場に行ってみるのもいいでしょう。思っていたのと違うとか、ますますやりたくなったとか、なにがしかの気づきを得られるはずです。

就活学生が企業研究をするように、リタイア後の働き方について研究をするべきです。

リタイア後にこんなはずじゃなかった、と思わないためにも、現在の高齢者の状況を知っておくのは大切なことです。

ポイント

現役時代に準備した人だけが、老後の自由を確保することができる

第6話

空っぽ老人にならない「ライフワーク」の話

心が貧乏にならないために

ここまで老後に備えるお金の話をしてきましたが、けっしてお金をたくさん貯めることが目的ではないことを理解してください。

楽しい充実した老後を過ごすために、お金を準備しましょう、人間関係を作っておきましょう、健康でいましょう……という話なのです。

結局、ある程度年をとって、不自由なく暮らせるのであれば、保有している資産の額なんて何の意味も持たなくなります。

85歳を過ぎて、楽しく暮らせている資産3000万円の人と、部屋に引きこもっている資産3億円の人と、どちらが幸せかといったら、前者の方がよほど幸せに違いありません。

自分の生きているゴールがある程度見えてきているわけです。墓場までお金は持っていくことはできません。

最高の老後とは、楽しく生活を過ごすことです。そのためにお金は必要ですが、お金がたくさんあれば幸せなわけではないということを理解してください。

老後は圧倒的に自由である

リタイア後の高齢者は、「時間はあるけど、やることがない」人と、「やりたいことがあり過ぎて時間が足りない」人の2種類に分かれます。

もちろん、幸せなのは後者です。毎日充実した時間を過ごしていれば、精神的にも肉体的にも元気でいることが多いようです。

リタイアした後に何をやるのか、リタイアする前に決めておかないと「やることがない人」になってしまいます。

リタイア後は、現役の時と違って、とにかく時間がたくさんあります。現役の時には、やりたいことがあっても、お金の問題もさることながら、時間の制約があってなかなか実現できませんでしたが、リタイア後には思う存分それができるのです。

人生を四季にたとえるなら、65歳から75歳までの10年間は、収穫の秋と言えるでしょう。

自分の時間割を自分で決める

リタイア後は、基本的に３６５日24時間、何をするのも自由です。

時間割を自分で自由に決めることができるのです。あなたの時間割は誰も決めてくれません。ここが意外に難しいところです。

リタイアしたらこれをやりたいと熱望していて、その時になったら待ってましたと始められればいいですが、いきなり自由時間ですと言われて、困惑する人の方が多く、何をしていいかわからない空白の時間が、苦痛の時間になってしまうのです。

常に何かをやれという訳ではありません。何もやらない日があってもいいのですが、それが、やることがなくて過ごす一日なのか、最初から何もやらないと決めた日なのかでは、まったく意味が違ってきます。

老後という自由を謳歌するには、実は、自分のスケジュールを決める能力が必要だということに気が付くはずです。

現役の時には、自分のスケジュールをすべて自分で決めているわけではありません。会社や家族の決め事に従って時間が流れていくことがほとんどでしょう。それに慣れきってしまうと、自分で自分の時間割を作ることができなくなってしまいます。

自分がリタイアしたら、どんな生活を送るのかシミュレーションしてみて、それがどんな感じなのか、イメージしてみましょう。

ポイント

リタイア後の自由な時間に何をするのか。今から考えておこう

趣味をとことんまで楽しむ

現役の時に時間がなくてできなかったことはいろいろあります。会いたかった人に会う、行きたかった場所に行く、やりたかった趣味を実現するなどです。

特に趣味は奥が深いので、老後という長い時間を費やすにはうってつけです。

一つ趣味を持つと、それを深く突き詰めていくと、情報を入手したり、本を読んだり、スキルを高めるために練習したりと、どんなにやっても際限がなく終わりがありません。時間がどれだけあっても足りないぐらいになってきます。

リタイアしたらやってみたい趣味がある人は、現役の時から準備するといいでしょう。

積立投資と同じです。ドイツに興味がある人なら、ドイツ語やドイツの歴史を勉強して（蓄積して）、リタイアと同時にドイツに旅行すれば、充実した時を過ごせるでしょう。

趣味を持つことで交友の幅が広がる

2章で女性の方が友だちづきあいが上手だと書きましたが、男性は、仕事上の付き合いが多く、リタイアした途端に、ぱったり交流が途絶えてしまって、途方に暮れることがあります。

趣味を持つことのよさは、共通の話ができる友人ができることです。しかも、それが同年代だけではなく、世代を超えて付き合えるならば、よりいっそう楽しいでしょう。

なんであれ、そうした趣味のコミュニティは、あまり年齢にこだわりません。高齢者だからといって排除されなければ、特別扱いもされません。

例えば、将棋であれば、10代の子と対等に打つこともできます。これがゲートボールだと、高齢者だけの集まりになって世代間の交流がありません。

現役の時から興味を持ったことについては何でもトライしてみてください。趣味の世界では失敗はないので、なんでも試してみて、一つでも続けられるものが残ればいいのです。

リタイアしてから新しいことに挑戦する

仕事は、リタイアしてから初めてのことをするのはリスクがありますが、趣味であれば、リタイアして初めてのことに挑戦するのも意味があります。

それまでに一度もやったことがなかった絵画や楽器や写真を習うなどです。やってみて合わなければやめればいいし、面白ければ続ければいいのです。仕事ではないのだから、三日坊主でやめてもいいのです。

流行に乗っかってもいいでしょう。流行になっているということは、多くの人が魅力を感じているということなので、何か面白さがあるはずです。

最初は観戦することから始めるけれども、そのうち自分でやりたくなるかもしれません。ルールを覚えて、どうやったら勝てるか研究するようになると、どんどん面白さに目覚めて深みに入っていきます。

それができるのも、自由な時間がある高齢者だからです。

ポイント

趣味の世界に失敗はない。興味を抱いたものにどんどんチャレンジしよう。

他人のために時間を使う

リタイアしたら１００％自分の時間ですが、周りから尊敬される高齢者は、その中の何割かの時間を、地域の人や子供たちのために使っています。

年をとったら、周りを気にせずに自分がやりたいことをやればいい、と書きましたが、実際には、人は人生に満足感を覚えると、他人のために何の見返りを求めることなく行動することに喜びを覚えます。やはり、自分一人だけで人生は完結するのではなく、誰かの喜ぶ顔を見たいという、欲求があるのだと思います。

考えてみれば、今現役世代の方も、親の世代からなんらかの恩恵を受けているはずです。今度は自分が高齢者になったら、若い世代の人に対して、自分の時間を使って貢献することが自然なのでしょう。けっして強制されるものではありませんが、他人や社会に対して自分の時間を使うことによって、老後の人生はより充実したものになるでしょう。

いずれ自分にも順番が回ってくると心得る

高齢になると人から必要とされる機会が減りますが、時間のない若い人たちに代わって何かをするというのは、周りも喜んでくれるし、自分も満足感があります。

地域の催し物や清掃などは、高齢の方が中心になってやっているので成り立っている部分があります。町内会や自治会、マンション管理組合の運営なども、現役世代はなかなか携われないものですが、そうした役割も高齢者が担っています。

こうした高齢者の役割は、行政のサービスでもない、ビジネスとしてのサービスでもない、第3の存在と言えるかもしれません。頼まれているわけではないけれど、世話を焼くというのは、社会の中で潤滑油としての役割を果たすのではないでしょうか。

そうした役目も、いずれ年の順に自分に回ってくるものと心得ておくべきでしょう。けっして強制されるべきものでありませんが、コミュニティから恩恵を受けているという自覚があれば、やれる範囲で地域に還元していく気持ちになれるでしょう。

自分も地域の中の一人なんだと実感できれば、寂しくない充実した老後を送ることができます。

仕事をしていると、地域の集まりに顔を出すことはめったにありませんが、なるべく現役の時から、行事があったら参加する、地域の人に顔を覚えてもらう、地域の中に溶け込んでおく、と意識しておきましょう。

ポイント

他人に何が貢献できるのか、今からイメージしておこう

おわりに

最後に、老後を豊かに生きるポイントを、いまいちど整理しておきましょう。

まずは、老後を豊かに生きるために必要なものは6つあるということ。

「お金・人間関係・健康・住まい・働き方・生きがい」――です。

そして、これらは、現役時代から準備をすることで充実した老後を送ることができます。

どんな老後を送りたいのか、イメージをはっきりさせて、そのために今からできることを着々と積み重ねていきましょう。

もう一つ大事なポイントは、「自分らしく生きて自分らしく老後を送る」ということです。

他人のライフスタイルは、参考にはなっても手本にはならないということを知っておいてください。

老後を迎えたからといって、すぐにライフスタイルを変えることは難しいし、本当はその必要もないのです。

さらに、楽に老後を過ごすために、なるべくストライクゾーンを広めにとって考えるということです。

「○○でなければならない」という考え方は、選択肢や行動範囲を狭めてしまいます。理想を掲げるのはいいのですが、それが実現しなかった時に、自分や配偶者を責めることになり、ものすごいストレスを感じることでしょう。

私は、準備さえできれば老後はちっとも怖くない、と考えています。

むしろ準備を進めることによって、人生はよりいっそう輝きを増すことでしょう。

最後になりましたが、誰もが、自分らしく黄金の季節を謳歌することができるよう願って、筆を擱きます。

田口　智隆

田口智隆 たぐちともたか

株式会社ファイナンシャルインディペンデンス代表取締役。28歳のときに自己破産寸前まで膨らんだ借金を徹底した節約と資産運用によりわずか2年で完済。その後は「収入の複線化」「コア・サテライト投資」で資産を拡大。34歳のときにお金に不自由しない状態「お金のストレスフリー」を実現し、2007年に株式会社ファイナンシャルインディペンデンスを設立する。「金融機関の代理人ではなく、お客様の代理人」を基本理念に特定の金融機関に属さないからこそできる、公正で中立な「お金」の「セカンドオピニオンサービス」を行う。保険料の削減、積立投資による資産運用、収入の複線化など「お金」にまつわるお悩み相談・マネーカウンセリング受診者は現在までに1600人を超える。2009年には、実体験に基づくノウハウをまとめた処女作『28歳貯金ゼロから考えるお金のこと』(中経出版)を出版、5万部を超えるベストセラーとなり一躍注目を集め、その年から日本各地でスタートした「学校では教えてくれないお金の授業」の講演回数はこれまでに1000回以上となり、受講者は述べ50,000人を超える。おもな著作に『お金の不安が消えるノート』(フォレスト出版)『入社1年目のお金の教科書』(きずな出版)『なぜかお金が貯まる人がやっていること』(廣済堂新書)『お金が貯まらない人の悪い習慣39』(PHP文庫)など35冊を刊行。累計80万部を超えるお金本のベストセラー作家。

著者への連絡先

taguchi.tomotaka@gmail.com

金持ち老後、貧乏老後

2018年8月15日　第一刷発行

著　者　田口智隆
発行人　出口 汪
発行所　株式会社 水王舎
〒160-0023
東京都新宿区西新宿6-15-1 ラ・トゥール新宿511
電話 03-5909-8920

本文印刷　厚徳社
カバー印刷　歩プロセス
製　本　ナショナル製本
ブックデザイン　Karran（西垂水 敦・遠藤 瞳）
イラスト　花くまゆうさく
編集協力　土田 修
編集統括　瀬戸起彦（水王舎）

落丁、乱丁本はお取り替えいたします。

ISBN978-4-86470-107-5 C0095

好評発売中！

なぜ、賢いお金持ちに「デブ」はいないのか？

田口智隆・著

やっぱり「デブ」じゃダメなんだ！

自己管理だけで「お金」の出入りはここまで変わる！！

「スマートに成功したい！」
そんなあなたに贈る、不摂生で貧乏、そしてデブだった著者からの、あまりにリアルなアドバイスの数々。
読むだけで、たるんだお腹が凹むだけでなく、お金持ちになるヒントがつかめる一冊。

定価（本体 1300 円＋税）ISBN978-4-86470-027-6